DE

DANGERS

DE L'ABUS

DES BOISSONS ALCOOLIQUES

DANGERS DE L'ABUS
DES
BOISSONS ALCOOLIQUES

MANUEL
D'INSTRUCTION POPULAIRE
À L'USAGE DES INSTITUTEURS

PAR M. EUGÈNE PICARD

OUVRAGE COURONNÉ PAR LA SOCIÉTÉ FRANÇAISE DE TEMPÉRANCE
ET PUBLIÉ PAR SES SOINS.

PARIS
IMPRIMERIE DE E. DONNAUD
9, RUE CASSETTE, 9

Comme introduction à l'ouvrage que la Soᶜᴵᴇᵀᴇ Française de Tempérance a couronné, nous croyons ne pouvoir mieux faire que de reproduire la partie du rapport de M. de Ranse sur les sujets de prix à décerner en 1874, dans laquelle est tracé le programme de la question mise au concours.

« Parmi les hommes les plus modestes, mais aussi les plus utiles et les plus méritants qui peuvent contribuer à l'œuvre de régénération et de moralisation des masses, il faut compter les instituteurs. Leur mission s'est étendue : ils n'ont

plus seulement à apprendre aux enfants les rudi-
ments de notre langue et les premiers principes
des connaissances générales indispensables au
commerce habituel de la vie ; ils ont encore,
dans des conférences récemment instituées et
destinées aux adultes, à poursuivre et à féconder
leur enseignement, en cultivant et faisant fructi-
fier, dans l'esprit et le cœur de l'homme fait, les
germes qu'ils ont semés dans l'esprit et le cœur
de l'enfant. Cette heureuse extension de leurs
attributions ne peut évidemment qu'accroître leur
influence sur les populations au milieu desquelles
ils vivent, dont ils partagent les peines et les plaisirs, dont ils connaissent par conséquent, mieux
que personne, l'esprit, les goûts, les tendances,
les besoins.

» A tous ces titres, les instituteurs seront
pour nous des auxiliaires précieux, et je ne
crains pas de dire que leur collaboration nous
est déjà acquise : il suffit de rappeler que plu-

sieurs d'entre eux comptent au nombre des lauréats de notre dernier concours. Mais, pour que cette collaboration produise les bons résultats qu'il est permis d'espérer, il importe que les instituteurs aient des idées parfaitement nettes et précises sur les questions qu'ils auront eux-mêmes plus tard à expliquer et à développer. A cet effet, la commission a pensé qu'il serait utile de rédiger, à leur intention et à leur usage, des instructions, des conseils, une sorte de petit manuel d'hygiène physique et morale sur les dangers de l'abus des boissons alcooliques et les avantages de la tempérance. Ce manuel devra répondre au double enseignement que donne l'instituteur; il contiendra, en un style simple et clair, des propositions, des sentences, des préceptes faciles à faire pénétrer dans l'esprit et à graver dans le souvenir des jeunes enfants; d'un autre côté, l'instituteur devra y trouver la plupart des matériaux nécessaires aux conférences, d'un ordre plus élevé, qu'il aura à faire sur le même sujet pour les adultes. Ainsi se répandront, dans toutes les classes de la société, les saines notions que nous cherchons à propager sur les dangers d'un vice qui porte une égale atteinte à la prospérité de l'individu, de la famille et de la race une partie de notre tâche se trouvera accomplie.

DANGERS

DE L'ABUS

DES BOISSONS ALCOOLIQUES

I

LA CONSOMMATION DE L'ALCOOL EN FRANCE.

Il y a, à l'horizon de la France, un point noir inquié-
tant pour tous ceux qui se préoccupent de l'avenir et
do la prospérité de notre pays. Je ne songe ici ni à la
perspective d'une nouvelle guerre désastreuse, ni aux
questions politiques et sociales qui agitent nos con-
temporains et aux bouleversements qui pourraient en
résulter, ni à l'embarras de nos finances nationales. Il
s'agit d'une chose plus grave encore que tout cela,
d'un fléau qui tue plus d'hommes que les épidémies et
le plomb de l'ennemi, qui trouble notre industrie et
affaiblit notre production nationale plus que les hou-

leversements politiques, et qui atteint la richesse publique plus profondément que les contributions de
guerre les plus écrasantes. Le point noir que je signale,
et dont l'opinion publique commence à se préoccuper,
est la consommation exagérée des boissons alcooliques,
et surtout de l'eau-de-vie.

Qu'on en juge par le tableau suivant :

Consommation de l'alcool en France.

Année 1850 : 585,200 hectolitres (1).
—   1855 : 714,800   —
—   1860 : 851,000   —
—   1865 : 873,000   —
—   1869 : 978,000   —

Ces chiffres ont une sinistre éloquence. Nous y rele-
vons deux faits d'une évidence incontestable.

Le premier, c'est que la consommation de l'alcool
en France s'est élevée, en 1869, à près *d'un million
d'hectolitres.* Sans doute une partie de cet alcool a été
employée dans l'industrie, ou à des usages domestiques ;
mais remarquons qu'il ne s'agit ici que de l'alcool dont
la consommation a été constatée par le fisc, et sur
lequel des droits ont été perçus. Si on y ajoute l'alcool
fabriqué et consommé par les propriétaires, qui n'entre
pas dans le commerce, et celui qui échappe à l'œil des
employés des contributions indirectes, malgré leur

(1) Ces chiffres, puisés dans les rapports de l'administration des
contributions indirectes, représentent la quantité d'*alcool pur*, à
100°, sur laquelle l'impôt a été prélevé.

vigilance, on arrivera à un total plus considérable, mais qu'on ne peut apprécier exactement. M. Jolly, dans une communication à l'Académie de médecine, estime que la consommation pour la France entière s'est élevée, en 1862, à 2,752,000 hectolitres d'eau-de-vie, soit environ 1,376,000 hectolitres d'alcool (1). Si nous nous en tenons donc, en chiffres ronds, à un million d'hectolitres, nous serons bien certainement au-dessous de la réalité.

Cet alcool est étendu d'une quantité à peu près égale d'eau, et devient, entre les mains des liquoristes, grâce à des procédés quelquefois plus ingénieux qu'hygiéniques, du cognac, du rhum, de l'absinthe, du kirsch, de l'anisette, etc. Voilà donc environ deux millions d'hectolitres, c'est-à-dire deux cent millions de litres d'eau-de-vie, qui, sous différents noms, entrent dans la consommation annuelle de la France.

Or il y a en France, sur 36 millions d'habitants, 14 à 15 millions d'enfants et de jeunes gens des deux sexes au-dessous de 18 ans, dont on peut dire, d'une façon générale, que la consommation en alcool est à peu près nulle. Sans doute cette sobriété du jeune âge n'est pas un fait sans exception : « Dans les villes de manufactures, dit M. Jules Simon, les maires sont obligés de prendre des mesures contre les cabarets qui

(1) M. le Dr Lunier estime la production de l'alcool en France à 400,000 hectolitres. *Du rôle que jouent les boissons alcooliques dans l'augmentation du nombre des cas de folie et de suicide,* p. 5, note.

donnent de l'eau-de-vie aux enfants, car il y a des ivrognes de 15 ans, comme il y a des ouvriers de 8, et ils
donnent au physique et au moral un bien triste spectacle. » (*Le Travail*.) Les enfants peuvent même s'habituer à l'eau-de-vie beaucoup plus jeunes, et l'alcoolisme peut survenir, comme dit le Dr Issartier, « avant
la barbe et les dernières dents. » Mais ce sont là des
monstruosités relativement rares, qui ne se rencontrent que dans les grands centres industriels, au plus
bas degré de la classe ouvrière, et qui ne comptent que
pour un chiffre imperceptible dans les 14 ou 15 millions d'enfants et de jeunes gens dont nous parlons.

Sur les 21 ou 22 millions qui restent, il y a en gros
10 à 11 millions de femmes et de jeunes filles, et quoi-
qu'il y ait des femmes, hélas ! en trop grand nombre
qui se livrent aux excès alcooliques (1), il y a, d'un
autre côté des hommes qui ne boivent point d'eau-de-
vie, de sorte qu'on peut évaluer en moyenne le nombre des consommateurs d'alcool à environ 10 millions.

Si ces 10 millions de consommateurs absorbaient la
même quantité d'eau-de-vie, cela ferait 20 litres par
tête et par an, ce qui serait déjà un assez joli chiffre.
Mais il n'en est rien, et ce n'est là qu'une moyenne
trompeuse. Il faut remarquer d'abord que la consom-

(1) Le nombre des femmes aliénées par l'ivrognerie, qui sont soi-
gnées dans la maison de Charenton, est à celui des hommes comme
1 est à 4. — M. Leudet a trouvé la même proportion dans les accidents produits par l'ivresse à Rouen (Dr Bergeret). Il est bon d'a-
jouter, pour l'honneur du beau sexe, qu'on ne rencontre une aussi
forte proportion que dans les centres les plus corrompus.

mation de l'eau-de-vie n'est pas également répartie sur toute la surface du territoire.

Pour la ville de Paris seulement, elle dépassait, en 1860, 200,000 hectolitres, c'est-à-dire 1|10 de la consommation totale. A Rouen, en 1866, elle a dépassé 10,000 hectolitres (1). M. Jules Simon dit qu'il se débite à Amiens 80,000 petits verres par jour. Lyon, Lille, St-Quentin, Reims, St-Etienne se font remarquer également par le chiffre élevé de leur consommation. Il en est de même de certains départements, ceux, par exemple, de la Seine-Inférieure, du Nord, des Côtes-du-Nord, de la Manche, du Calvados, du Pas-de-Calais, du Finistère, de la Meurthe, des Vosges, etc.

Il y a, de plus, de grandes différences entre les consommateurs. Entre l'homme qui ne boit de liqueurs fortes qu'en certaines circonstances et en quantité fort restreinte, et celui qui en fait quotidiennement usage, quelque modéré d'ailleurs qu'on le suppose ; entre ce dernier et celui qui en fait un abus constant, il y a des différences dont il faut tenir compte si on veut se faire une juste idée de la gravité du mal que nous signalons. Remarquons, en outre, que les excès alcooliques, très-rares avant 18 ans, sont relativement peu fréquents de 21 à 30, arrivent à leur apogée de 31 à 40, pour diminuer ensuite de 41 à 50 et surtout de 50 à 70; non pas, comme on pourrait le croire, qu'un grand

(1) Ce chiffre ne représente que la consommation constatée à l'octroi. M. Jules Simon estime la consommation annuelle de la ville de Rouen à 5 millions de litres d'eau-de-vie.

1.

nombre de buveurs se corrigent, mais parce que la
plupart n'arrivent pas à la vieillesse et sont emportés
par quelque accident entre 40 et 50 ans. Si, tenant
compte de toutes ces circonstances, on estime à quelques centaines de mille, soit un demi-million, le
nombre de ceux qui se livrent aux excès alcooliques,
on arrive à cette conclusion que ces quelques centaines
de mille buveurs émérites absorbent annuellement
au moins la moitié des deux millions d'hectolitres
d'eau-de-vie qui représentent la consommation de toute
la France. La moyenne serait, pour chacun d'eux, de 1
à 2 hectolitres par an.

Cette appréciation ne repose sur aucun document
officiel et n'a pas, je le reconnais, le caractère de pré-
cision qu'il serait bon de pouvoir lui donner. Mais il
est bien difficile de faire une statistique des buveurs
d'eau-de-vie. Telle qu'elle est, je la crois très-modérée
et plutôt au-dessous qu'au-dessus de la réalité. Quoi
qu'il en soit, il y a dans la question un élément positif
bien constaté, c'est le chiffre de la consommation : si
on diminue la quantité moyenne absorbée annuellement par les grands buveurs, il faudra augmenter en
proportion le nombre des ivrognes ; si au contraire, on
veut diminuer le nombre de ces derniers, il faudra bien
leur assigner une consommation plus forte, et on arri-
verait ainsi à une dose annuelle tellement considérable, que les ivrognes les plus robustes et les plus intré-
pides ne supporteraient pas pendant six mois un
régime pareil.

Retenons donc ce premier fait qui me semble bien établi : c'est que c'est par centaines de mille qu'il faut compter ceux de nos compatriotes qui consomment annuellement de 1 à 2 hectolitres d'eau-de-vie et que, parmi eux, un certain nombre dépasse certainement cette quantité.

Le second fait que nous tenons à relever est peut-être plus significatif encore : c'est la prodigieuse rapidité avec laquelle la consommation de l'alcool s'est accrue dans notre pays. Elle a presque doublé de 1850 à 1869, c'est-à-dire dans un intervalle de vingt années. Cet accroissement se maintient encore à l'heure qu'il est, et ne semble pas s'être ralenti. L'impôt sur les boissons pendant les neuf premiers mois de 1873, comparés aux neuf premiers mois de 1872, accuse une augmentation de plus de 30 millions de francs, augmentation qui doit, pour une part assez grande, être attribuée à l'alcool.

On pourrait croire que, la richesse publique s'étant considérablement développée pendant ces vingt dernières années, cette augmentation constante vient de ce qu'un grand nombre de gens, parvenus à une certaine aisance, ont pu se procurer cette jouissance et ajouter un peu d'eau-de-vie à leur menu quotidien. De cette façon, cet accroissement considérable, s'étendant sur un très-grand nombre de consommateurs, et pour ainsi dire sur une très-vaste surface, ne constituerait pas un danger aussi redoutable pour la santé publique. Ce serait là, à mon sens, une très-fausse interprétation des faits.

L'homme qui, à force de travail et d'économie, est parvenu à l'aisance, sait à quel prix il l'a acquise et
à quelle condition il peut la conserver, et ne choisit pas
ce moment pour s'habituer à l'eau-de-vie. Quelques
faits du reste suffiront à prouver que l'abus de l'alcool
et les résultats désastreux qu'il entraine, marchent
parallèlement à l'accroissement de la consommation.

Il résulte d'un travail de statistique qui a été fait
pour les départements de l'Ouest, que, dans le département de la Sarthe, la consommation annuelle de l'alcool
a doublé de 1856 à 1869, et que, dans le même temps,
la proportion des folies alcooliques a triplé et s'est élevée de 5 à 15 pour 100. Le même fait s'est produit dans
le Morbihan, où cette même proportion s'est élevée de
8, 87 à 18 pour 100 avec progression concomitante de
la consommation alcoolique. Dans les Côtes-du-Nord,
cette proportion était, de 1851 à 1859, de 10, 61 pour
100; elle s'est élevée, de 1858 à 1870, à 25 pour
100 (1).

Nous retrouverons la même progression à Paris. De
1819 à 1827, le Dr Léveillé a soigné, à la Maison royale
de santé, 89 malades atteints de folie alcoolique; c'est
en 1823 que le nombre a été le plus fort : 26 malades
ont été admis (2). Du mois d'avril 1869 au mois d'août
1871, c'est-à-dire dans un intervalle d'un peu plus de
deux ans, le Dr Magnan a observé 250 cas environ d'alcoolisme aigu au bureau central d'admission des aliénés

(1) *Revue scientifique*, 2e série, 1re année, p. 575.
2) Léveillé, *Histoire de la folie des ivrognes*, p. 208.

de la Seine (1). On n'a qu'à comparer les chiffres pour se
rendre compte des progrès du mal. Voici deux tableaux
qui, si le lecteur conserve le moindre doute, lui mon-
treront que le nombre des victimes de l'alcool augmente
en même temps que la consommation de la fatale
liqueur.

Le premier est du D'' Magnan (2) :

Proportion des alcoolisés entrés à S'e-Anne :

En 1855, proportion : 12,78 p. 100.
— 1861,   25,24 —
— 1870,   26,90 —

Le second est de M. Jolly (3) :

Alcoolisés entrés à Bicêtre :

En 1856. . . . . 99 entrées.
— 1860. . . . . 207 —
— 1864. . . . . 300 —

Enfin le D'' L. Lunier a dressé pour la France entière
un tableau qui nous montre également l'augmentation
considérable des cas de folie déterminée par les excès
alcooliques (4) :

(1) *Revue scientifique*, 2ᵉ série, 1ʳᵉ année, p. 215.
(2) *Revue scientifique*, 2ᵉ série, 1ʳᵉ année, p. 528.
(3) Jolly, *l'Alcool*, p. 16.
(4) L. Lunier, *Du rôle que jouent les boissons alcooliques*, etc., p. 31.
Voyez aussi les tableaux très-instructifs qui se trouvent dans le
même ouvrage, pp. 12, 14-15, 20-21 26-27.

tensité du mal doit provoquer forcément le remède. Il
est temps de faire les efforts les plus énergiques pour
arrêter le progrès du poison.

Le lecteur pressent, en effet, que sous les deux faits
que nous avons exposés dans ce chapitre, se cache tout
un monde de souffrances et de misères. Jusqu'à quel
point cette excessive consommation d'eau-de-vie influe-
t-elle sur la santé, la richesse et la moralité du pays ?
Jusqu'à quel point la rapidité avec laquelle le mal
progresse peut-elle nous faire craindre de plus grands
maux encore pour l'avenir ? C'est ce que nous essaie-
rons de montrer dans les chapitres suivants. Mais il
est une objection à laquelle je dois répondre tout d'a-
bord. On nous dira peut-être que nous voyons les
choses trop en noir, et que la situation n'est pas si
sombre que nous nous plaisons à la présenter, et que
la consommation de l'alcool est très-modérée chez
nous, comparée à celle des autres peuples. On citera
l'exemple de la Suède qui, avec ses 3 millions d'habitants, consomme presque autant d'eau-de-vie que nous;
de l'Angleterre et de la Russie, où 100,000 ivrognes meurent chaque année par le fait de l'alcool ; de l'Allemagne du Nord qui consomme, — nous en savons quelque
chose, — 400 millions de litres d'eau-de-vie par an. Au
lieu de me rassurer, ces exemples m'effraient. Voilà
donc où nous pouvons descendre nous-mêmes, où nous
aboutirons fatalement, si rien n'entrave le progrès du
mal. N'oublions pas d'un autre côté que les hommes du
Nord, — du moins quand le froid n'est pas excessif, —

supportent mieux l'alcool que nous, et que si, sous notre
climat plus tempéré, nous nous livrions aux mêmes
excès, les conséquences en seraient pour nous beaucoup plus funestes. Eh ! que nous importe l'exemple des
autres pays ! Je n'ai jamais compris le raisonnement
de l'ivrogne à qui on reproche ses excès, et qui, sans
chercher à les nier, croit se justifier en disant : « Mon
voisin boit encore plus que moi. » Je comprendrais
encore moins une grande nation se consolant d'une des
plus hideuses plaies sociales qui puissent exister, à la
pensée que sa voisine en souffre encore davantage.

II

L'ALCOOL.

Quelques mots d'abord sur l'alcool et ses propriétés.

Une goutte d'alcool introduite dans l'estomac y produit une vive sensation de chaleur et une abondante sécrétion du suc gastrique. Cette propriété n'est pas spéciale à l'alcool; le même résultat est produit par les boissons amères, telles que le thé, le café, par le fumet d'un rôti, par la présence des aliments, ou même d'un corps étranger quelconque dans l'estomac. Mais l'action de l'alcool est plus irritante et par conséquent plus énergique.

Cette propriété de l'alcool a dû être bien vite constatée et reconnue. Un écrivain allemand du XVIᵉ siècle remarquait déjà que l'eau-de-vie aide à la digestion. De cette idée est né l'usage aujourd'hui si abusif et si fatal de prendre à jeun, un peu avant le repas, de l'absinthe, ou d'autres liqueurs analogues dans le but d'augmenter l'appétit. De là l'usage du petit verre dans le café pour faciliter la digestion après le repas. C'est aussi dans le même but qu'en Angleterre,

2

chaque convive boit, dit-on, au milieu du repas, un petit verre d'eau-de-vie.

On peut dire, en général, que la consommation de l'alcool augmente à mesure qu'on avance du sud au nord. Il est vrai que la rareté et le prix élevé du vin sont pour quelque chose dans ce fait, mais la vraie cause est ailleurs : les peuples du Nord mangent davantage, pour résister à l'humidité et à la rigueur du climat, et, pour digérer cette masse de nourriture, qui suffirait à l'entretien de deux ou trois méridionaux, ils ont recours à un excitant qui active les fonctions de l'estomac. Cet excitant est l'alcool, absorbé surtout sous forme d'eau-de-vie, parce que c'est sous cette forme que son action est le plus énergique. C'est aussi pour le même motif qu'on boit plus d'eau-de-vie en hiver qu'en été, parce qu'on mange généralement davantage, et qu'on cherche ainsi à venir en aide à l'estomac dont les fonctions deviennent plus laborieuses.

Je me borne à constater un fait, et, tout en reconnaissant le besoin d'excitants dans les pays froids et humides, je n'ai nullement l'intention de justifier la consommation exagérée d'alcool à laquelle on se livre dans ces pays. Il est certain qu'on se passait fort bien d'eau-de-vie sous les climats les plus rigoureux, avant que les progrès accomplis dans l'art de la distillation aient mis cette boisson à la portée de tous.

Une fois introduit dans l'organisme, l'alcool est rapidement absorbé dans l'estomac. C'est ce que démontre clairement l'expérience suivante :

MM. Bouchardat et Sandras ont fait avaler à une poule robuste dans l'espace d'un quart d'heure, 20 grammes d'alcool étendu de son poids d'eau. La poule fut sacrifiée peu d'instants après l'ingestion de la dernière dose, et on ne retrouva dans le tube digestif que 5 grammes d'alcool. Les 15 autres grammes avaient donc été absorbés dans l'espace de 20 minutes environ.

C'est surtout lorsque l'estomac est vide et que l'alcool est seulement étendu d'une certaine quantité d'eau que l'absorption se fait avec une pareille rapidité. Le tannin, le sucre, les acides, les corps gras, la présence d'aliments dans l'estomac rendent l'absorption moins rapide. Aussi pouvons-nous dire dès maintenant, que rien n'est plus pernicieux que l'habitude qu'ont beaucoup d'ouvriers de boire un ou même plusieurs petits verres d'eau-de-vie à jeun, en se levant.

L'absorption se fait complétement dans l'estomac. Le chyle ne contient pas trace d'alcool, à moins que le poison n'ait été administré en grand excès ; alors l'alcool déborde pour ainsi dire dans l'intestin. Il passe donc de l'estomac, directement et sans modification, dans le sang et est mis en contact avec tous les organes par la circulation. Si on sacrifie un animal deux heures après qu'il a absorbé une dose d'alcool, on retrouve cet alcool dans le sang et dans tous les organes, mais surtout dans le foie et dans le cerveau.

Ici se pose une question bien controversée. Que devient l'alcool dans l'organisme? Nous avons vu

qu'il n'est pas décomposé par l'estomac. L'est-il dans
les poumons ou dans l'intimité des tissus ? Tout le
monde est d'accord sur un premier fait bien facile à
constater : c'est qu'une partie de l'alcool ingéré est
éliminée en nature par la respiration, par la transpira-
tion et par les urines. L'haleine de l'ivrogne est chargée
de vapeurs d'alcool, et ses vêtements en sont impré-
gnés. Un autre fait non moins certain, c'est qu'en re-
cueillant l'alcool ainsi éliminé, on n'est jamais parvenu
à retrouver qu'une faible partie de l'alcool ingéré.
Que devient cette partie non retrouvée ? Est-elle dé-
truite dans l'organisme, ou lentement éliminée sans
qu'on puisse pourtant le démontrer d'une façon précise ? Nous n'avons pas à nous prononcer sur cette
question, dont la solution n'est pas indispensable pour
le but que nous nous sommes proposé. Quoi qu'il en
soit, il est certain que l'alcool séjourne longtemps dans
l'organisme, sans éprouver de décomposition, et qu'il
s'y comporte ainsi à la manière d'un véritable poison.
MM. Lallemand, Perrin et Duroy ont trouvé pendant
8 heures de l'alcool dans l'air expiré, et pendant
16 heures dans les urines (1). Un autre physiologiste,
M. A. Dupré est arrivé à des résultats encore plus frappants. D'après ce savant, l'élimination de l'alcool ne
cesse que du 9e au 24e jour après l'absorption de la
dernière dose (2).

(1) Du rôle de l'alcool et des anesthésiques dans l'organisme.
(2) Voy. *Revue scientifique*, 2e série, 1re année, p. 993.

L'alcool agit comme excitant dans tous les organes;
il active la circulation du sang et augmente l'irritabi-
lité des centres nerveux. Cette excitation est naturellement plus forte chez la femme, dont le système
nerveux est plus impressionnable. Elle est très-grande
aussi dans l'enfance et dans l'adolescence. Mais là se
borne l'action de l'alcool qui n'est nullement un aliment, comme on se l'imagine la plupart du temps.
Tout au plus pourrait-on le considérer comme un aliment *respiratoire*, c'est-à-dire destiné à entretenir la
chaleur du corps; encore est-ce très-contesté et très-
contestable. Mais il ne nourrit pas le corps et ne donne
pas de forces. On peut comparer son action à celle du
coup de fouet, qui ne nourrit pas le cheval, mais
l'excite à ramasser ses forces pour franchir un ob-
stacle ou accélérer sa vitesse. La force mise en œuvre
par l'alcool est de la force en réserve, emmagasinée
dans l'organisme pour servir à ses besoins futurs.
L'alcool épuise cette réserve au lieu de l'entretenir
ou de l'augmenter. « L'eau-de-vie, dit un célèbre chi-
miste, par son action sur les nerfs, permet à l'ouvrier
qui ne peut se procurer la quantité d'aliments nécessaire à son entretien, de réparer aux dépens de son
corps, la force qui lui manque, de dépenser aujourd'hui
la force qui, dans l'ordre naturel des choses, ne
devait s'employer que demain. C'est comme une lettre
de change tirée sur sa santé et qu'il lui faut toujours renouveler, ne pouvant l'acquitter faute de ressources. Il consomme son capital au lieu des inté-

2.

rêts : de là inévitablement la banqueroute de son corps (1).

Il suit de là que l'excitation causée par l'alcool est passagère et de peu de durée, et est suivie d'une période d'épuisement et de prostration, résultant du surcroît même d'activité auquel il a donné lieu.

Nous venons de parler du poison d'une façon générale ; il est bon de dire deux mots de la forme sous laquelle il se présente ordinairement à la consommation.

L'eau-de-vie la plus répandue est le trois-six dédoublé. Quoique étendu dans une égale quantité d'eau, l'alcool qu'il renferme produit des effets presque aussi foudroyants que s'il était absorbé à l'état de pureté. L'eau, en effet, n'est digérée et ne pénètre dans les organes que très lentement, tandis que l'absorption de l'alcool est presque immédiate. Il faut d'autant plus se défier de cette boisson qu'elle est faite la plupart du temps avec des alcools de betteraves, de grains ou de pommes de terre (2) ; or, ces alcools, quand ils ne sont pas rectifiés, contiennent de l'alcool amylique ou butylique et des huiles essentielles. Ces substances dessèchent le gosier et portent à boire encore après qu'on a déjà beaucoup bu. Cette circonstance, jointe au bas prix de ces eaux-de-vie, fait qu'on en absorbe des doses excessives, et il en résulte des accidents d'ivresse plus

(1) Liebig, *Lettres sur la chimie.*
(2) Ces alcools, qui n'étaient consommés d'abord que dans quelques départements du Nord, tendent aujourd'hui, grâce à leur bas prix, à se répandre dans toute la France (Dr Lunier).

fréquents et plus redoutables; ceci sans préjudice des fal-
sifications dont ces eaux-de-vie peuvent être l'objet et
des graves conséquences qui peuvent en résulter ; certains spéculateurs y ajoutent en effet, soit de l'acétate de
plomb, pour adoucir l'âpreté de certaines eaux-de-vie,
soit de l'acide sulfurique, pour donner à d'autres un
certain bouquet, soit des huiles essentielles, pour en
masquer le mauvais goût. Or, tous ces corps sont des
poisons violents. Il y a des buveurs auxquels tout cela
ne suffit pas, et qui font macérer dans leur eau-de-vie
du poivre et du tabac.

Les eaux-de-vie de vin, le cognac de bonne qualité,
par exemple, ne sont dangereuses qu'en raison de
l'alcool qu'elles contiennent.

Les liqueurs fortes produites par la distillation des
fruits à noyau présentent des dangers qu'il est bon de
faire connaître. Elles contiennent des huiles essentielles provenant de la distillation des noyaux, et qui
sont des poisons très-actifs. Elles renferment aussi bien
souvent de l'acétate de cuivre ou vert-de-gris, formé
pendant la distillation aux dépens des parois de l'alambic. On fabrique beaucoup de kirsch avec de l'alcool
de mauvaise qualité auquel on ajoute de l'eau et de
l'essence de noyaux. Ce kirsch falsifié est très-dange-
reux.

Les liqueurs sucrées, contenant de l'alcool en quantité relativement faible, du sucre et le suc d'un
fruit acide, comme le punch, le cassis, sont moins
dangereuses, parce que les ingrédients mêlés à l'alcool

en rendent l'absorption plus lente. Il est néanmoins
très-imprudent ou d'en faire une habitude, ou d'en
boire avec excès.

Il nous reste à parler d'une liqueur dont on abuse
étrangement dans presque toutes les classes de la société, l'absinthe, qu'on a surnommée l'opium de l'Oc-
cident, et dont on consomme en France plus de 75
millions de litres par an.

L'absinthe renferme généralement une assez forte
proportion d'alcool. L'absinthe suisse, qui est le plus
en vogue, en contient 72 pour 100. Cette forte proportion d'alcool devrait suffire à elle seule pour nous mettre en garde contre cette boisson. Mais là n'est pas le
plus grave danger. L'absinthe contient d'abord presque toujours du vert-de-gris, employé pour lui donner
la coloration verte recherchée des amateurs, puis des
essences d'anis et d'absinthe qui sont très-dangereu-
ses. Des poisons enfermés dans un bocal sont foudroyés plus rapidement par quelques gouttes d'essence
d'absinthe que par la même quantité d'acide prussi-
que pur (1). L'absinthe possède, comme les eaux-de-
vie de mauvaise qualité, la pernicieuse propriété de
déterminer la sécheresse du gosier, et de provoquer
ainsi de nouvelles libations. Nous verrons plus tard combien sont déplorables les conséquences des excès, ou
même de l'usage de cette dangereuse liqueur.

Le vin contient 5 à 15 pour 100 d'alcool. Ce n'est
pas tant à cette substance qu'aux éléments minéraux

(1) Bouchardat, l'Eau-de-vie et ses dangers, p. 45.

qui s'y trouvent en dissolution que le vin doit ses propriétés hygiéniques et salutaires. L'alcool qui y est
contenu n'est pas absorbé aussi rapidement que celui
de l'eau-de-vie, de sorte qu'il est moins dangereux.
Nous pouvons en dire autant de la bière, du cidre, et
de toutes les boissons analogues.

Mais il y a une chose qu'il ne faut pas perdre de vue,
c'est que l'abus du vin entraîne les mêmes conséquences que l'abus de l'eau-de-vie, quoique à un moindre
degré. Si dans les considérations qui précèdent, nous
nous sommes surtout occupé de l'alcool absorbé sous
forme d'eau-de-vie, c'est d'abord parce que les effets
produits par l'eau-de-vie sont plus prompts, plus terri-
bles et plus frappants; c'est, d'autre part, qu'il est
très-difficile d'arriver à une estimation quelque peu
exacte de la consommation du vin, de la bière et des
autres boissons fermentées, et d'en suivre les effets
dans l'organisme. Le mal est, dans ce cas moins facile à saisir et à étudier. Il y a pourtant un fait que je
puis relever ici, et qui montre d'une façon très-nette
les conséquences désastreuses de l'abus du vin.

Dans les départements qui produisent et consomment
beaucoup de vin et peu d'alcool, le nombre des folies
alcooliques est encore très-considérable. Pour 29 de ces
départements, dont la consommation par tête était en
moyenne de 72 lit., 22 de vin et 1 lit., 30 d'eau-de-
vie, la moyenne des cas de folie alcoolique était de
10,02 pour 100. Dans la Vendée, où l'on boit beaucoup
de vin blanc, et fort peu d'eau-de-vie, les résultats sont

encore plus frappants. En 1869, la consommation du
vin était de 64 lit. 75 par tête ; celle de l'eau-de-vie
de 0,76, et les cas de folie alcoolique s'élevaient à 18, 10
pour 100 (1).

Qu'il soit donc bien entendu, une fois pour toutes,
que tout ce que nous dirons de l'alcool dans la suite
de cet ouvrage, s'applique également à toutes les boissons fermentées et enivrantes, prises avec excès, sans
aucune exception.

(1) L. Lunier, ouvrage cité, p. 26-27, 40. — Un fait également bon
à noter, c'est l'influence que le cidre paraît exercer sur l'augmentation de la consommation de l'eau-de-vie. C'est dans les départements qui consomment à la fois du cidre et de l'alcool que les cas
de folie alcoolique sont le plus fréquents.

III

LES CAUSES DE L'INTEMPÉRANCE.

« L'ivrognerie, a dit Montaigne, me semble un vice grossier et brutal. » Les autres vices se cachent, se dissimulent, ou peuvent du moins avoir une certaine apparence noble et généreuse. Celui-ci est franchement ignoble, et s'étale dans toute sa laideur. Les poëtes ont pu célébrer le vin sur tous les tons : toutes les ressources de leur art ne réussiraient pas à jeter un vernis poétique sur ce qu'il y a d'abject et de bestial dans l'ivresse.

L'eau-de-vie n'est pas un nectar ; le parfum de l'alcool n'a rien de bien séduisant et son goût âcre et brûlant n'est pas fait pour charmer un palais délicat. Comment se fait-il donc que l'ivrognerie soit un vice si répandu, et quel genre de séductions exercent les boissons alcooliques? Quelles sont les causes qui provoquent et favorisent le plus généralement l'intempérance, malgré la répulsion instinctive qu'elle inspire?

Ces causes sont multiples, et il est important d'exa-
miner les principales, d'abord pour trouver une explication des faits lamentables qui vont passer sous nos
yeux, ensuite pour nous guider dans la recherche des
remèdes à opposer à de si grands maux.

Signalons en premier lieu une cause morale d'une
grande puissance. L'instruction est négligée en France,
et l'éducation l'est encore plus. Ce qui est le moins
développé par l'éducation, c'est le sentiment moral,
le sentiment du devoir, de la responsabilité, de la dignité humaine. Les idées sont peu élevées, les caractères faibles, les volontés chancelantes, de sorte que
le point d'appui manque pour résister à la tentation.
Je suis loin de faire un crime aux classes ouvrières de
cette insuffisance d'éducation. Je sais que ce n'est
pas chose facile, même pour ceux à qui ne manquent
ni le temps ni les ressources, d'élever convenable-
ment une famille. A plus forte raison faut-il ici faire
a part des circonstances, plus fortes bien souvent que
a volonté.

Le temps manque au père pour s'occuper de
ses enfants; la mère, souvent ouvrière elle-même,
suffit à peine aux soins multipliés du ménage. La
famille en réalité n'existe pas. Les enfants, presque
toujours dans la rue, abandonnés à eux-mêmes, livrés sans défense à tous les mauvais exemples, subis-
sent des influences que l'école est impuissante à con-
trebalancer. Les mauvais instincts se développent chez
eux sans frein et sans entraves quand la passion

viendra, elle trouvera un terrain tout préparé pour y jeter de profondes racines.

C'est là un fait déplorable dont les conséquences se feront sentir pendant toute la vie; une cause de démoralisation qui sera le point de départ de toutes les autres, et sur laquelle toutes les autres viendront pour ainsi dire se greffer.

Ajoutons à cela que dans les campagnes et parmi les ouvriers des villes, on ignore généralement les principes les plus élémentaires de l'hygiène, et en particulier les conséquences désastreuses des excès alcooliques. On croit que l'eau-de-vie est un aliment fortifiant, réparateur et réchauffant, et on y a recours, quand même on n'y prendrait pas plaisir tout d'abord, toutes les fois qu'on se sent faible, ou qu'on veut lutter contre le froid. Or dans la classe ouvrière, l'alimentation est souvent insuffisante, et peu fortifiante; les vêtements, l'hiver surtout, ne sont pas chauds et ne protégent pas suffisamment le corps contre la rigueur du climat. L'eau-de-vie est le remède à tous les maux: la misère est ainsi par elle-même une tentation permanente qui entraîne bien vite à l'abus.

C'est aussi un préjugé fort répandu que l'alcool est un préservatif contre les miasmes : beaucoup d'ouvriers, entre autres ceux qui travaillent dans les égouts, dans les cimetières et autres lieux insalubres, s'adonnent à l'eau-de-vie pour combattre les émanations miasmatiques; en temps d'épidémie, tout le monde a recours au même cordial; les immigrants

3

dans les pays chauds essaient par le même moyen de
résister à l'influence du climat : c'est là une erreur
dangereuse qui contribue avec les précédentes à répandre l'usage des liqueurs fortes.

Une fois qu'on a commencé, on continue ; on sait
que le vin grise, mais on ne sait pas que d'excès en
excès on arrive à la misère, à la folie et au suicide ;
on ne sait pas qu'on ne tarde pas à être entraîné sur
cette pente fatale, et on met légèrement son doigt dans
le terrible engrenage qui ne lâche ses victimes que
quand il les a broyées. On a peut-être entendu parler
de tout cela, on a pu même en avoir des exemples
sous les yeux, mais on se garde bien de le prendre au
sérieux, et on ne voit là que des contes de nourrice,
proches parents de celui de croquemitaine, et bons
tout au plus pour effrayer les naïfs.

Le désœuvrement est aussi un agent funeste de démoralisation. La grande majorité des ouvriers ne vit
guère de la vie de l'esprit. Beaucoup ne savent pas lire,
et quant à ceux qui savent, très-peu ont conservé ou
contracté l'habitude de la lecture. Leur fonds d'idées
est très-pauvre. Rien ne les préoccupe en dehors de
leur travail ou de leurs besoins. L'ouvrier qui n'a pas
son outil à la main ne sait que faire de ses deux bras.
Que devenir tout un dimanche, quand on n'a nulle
ressource en soi-même, et qu'on est incapable de s'occuper ? L'ennui vient bien vite, qui traîne son homme
au cabaret. Cela ne date pas d'aujourd'hui. « Le peuple
ne lit point, disait déjà Voltaire, il y a un siècle ; il

travaille six jours de la semaine et passe le septième au cabaret. »

Quand le désœuvrement est habituel et qu'il est le résultat de la paresse, les conséquences en sont encore plus certaines et plus rapides. Quand l'ouvrier profite de tous les prétextes pour déserter son travail, c'est invariablement pour se glisser au cabaret : paresse, vagabondage et ivrognerie vont presque toujours ensemble.

Les peines morales, de quelque nature qu'elles soient, sont une autre cause très-fréquente de tentation et de chute. Des chagrins domestiques, des embarras d'argent, des dettes criardes, le manque d'ouvrage, ont ordinairement pour effet de précipiter un homme jusque-là tempérant sur la pente de l'ivrognerie et des excès. Les hommes qui ont peu d'idées en reçoivent une impression plus vive ; chacune d'elles creuse un sillon plus profond. Quand une préoccupation triste ou douloureuse s'empare de leur esprit, elle s'y incruste pour ainsi dire, elle les poursuit, les obsède dans leur travail, dans leurs veilles, et jusque dans le sommeil de leurs nuits agitées. Le découragement survient ; ils se figurent que le mal est irréparable ou inévitable, et ils n'ont alors plus qu'un désir, c'est de se distraire à tout prix, et de trouver sinon la guérison, du moins l'oubli momentané de leurs maux ; cet oubli, l'ivresse le leur donnera, et ils s'efforceront de noyer leurs chagrins dans la bouteille.

Les privations, la misère, les logements insalubres,

.a monotonie du travail, l'absence de distractions et
de plaisirs honnêtes sont aussi au nombre des causes
les plus puissantes qui favorisent l'intempérance dans
les grands centres industriels. » Personne, dit M. Jules
Simon, n'oserait dire que les malheureux qui vont au
cabaret se ruiner et s'empoisonner ont une excuse.
Cependant songez aux douze heures que ces ouvriers ont
passées dans l'atelier, douze longues et fatigantes heures,
sans aucune distraction, sans avoir même le plaisir de
voir leur ouvrage croître et s'achever sous leurs mains,
car l'ouvrier de fabrique n'est qu'un rouage, il ne peut
s'intéresser à ce qu'il produit. Après ces douze heures
si épuisantes, si monotones, suivez-le dans la neige et
le verglas, lorsqu'il sort de l'atelier; montez ces rampes
vermoulues, couvertes d'ordures, qui mènent à sa
chambre ; entrez avec lui dans l'affreux taudis, où ne
l'attend pas toujours son repas, parce que sa femme
est ouvrière comme lui, où il ne boit jamais de vin,
parce que le vin est trop cher, où il ne respire pas,
parce que l'air respirable est encore plus cher que le
vin, où il n'a pas de meubles, parce que la maladie et
le chômage ont emmagasiné ses meubles au mont-de-
piété, où il ne trouve enfin ni feu, ni couverture, ni
sommeil : connaissez-vous beaucoup d'hommes parmi
ceux qui déploient le plus d'éloquence contre l'ivrognerie, qui résisteraient à l'attrait de cette bonne
chambre bien éclairée, bien chauffée, de ces pots
brillants, de ces poudreuses bouteilles, de ces gais
compagnons, de cette chance d'un oubli momentané,

Je tous ces semblants de bonheur qui lui cachent "'absence du bonheur ? » (*Le Travail.*)

Toutes ces tentations diverses sont fortifiées par une sorte de complicité passive de la société elle-même. La fréquentation du cabaret n'inspire pas dans nos mœurs la répulsion dont elle devrait être l'objet. Le jeune homme, comme un grand enfant qu'il est, n'aspire qu'à être un homme, et en attendant qu'il le soit, il fait tous ses efforts pour s'en donner l'air. Sa première ambition est d'aller au cabaret et d'y recevoir ce baptême du feu d'une nouvelle espèce. Il ne se croit quelque chose que quand il a donné cette preuve d'indépendance. C'est ici que son entourage devrait réagir contre ces imprudences juvéniles. Au contraire, on se fait autour de lui un jeu de ses premiers essais ; on trouve la chose toute simple et toute naturelle : c'est ainsi qu'a fait la génération précédente ; pourquoi renoncer à un usage aussi ancien et aussi respectable? Plus d'une tête grise, que l'expérience devrait avoir éclairée, sourit avec indulgence à cette fatale initiation, raconte avec orgueil devant le novice ses hauts faits bachiques, et excite ainsi une bien dangereuse émulation. Ce premier pas est d'autant plus dangereux que les jeunes gens gagnent ordinairement beaucoup plus que leur nécessaire, et contractent ainsi, sans s'en douter, des habitudes dont ils ne pourront que bien difficilement secouer le joug dans la suite.

Si la société ne réagit pas, il y a une force puissante qui entraîne, c'est celle des mauvaises compagnies.

3.

Les ouvriers dissipés, paresseux, buveurs, n'aiment pas à être seuls de leur espèce. Leur vice leur semble moins honteux s'il fait un grand nombre de victimes. Ils font agir adroitement toutes les petites passions, la fausse honte, la vanité, l'orgueil pour prendre et retenir dans leurs filets les malheureux qui se mettent à leur portée, et ils comptent pour décider leur victoire sur la force de l'habitude. Ces piéges grossiers ne réussissent hélas ! que trop souvent.

Certaines professions sont plus exposées que d'autres et fournissent un contingent plus fort aux victimes des excès alcooliques. Les aubergistes, cabaretiers, marchands de vin, sont entraînés à boire avec leurs pratiques, et comme ils ont toujours sous la main une grande abondance de vin et de liqueurs, si la passion survient, comme c'est trop souvent malheureusement le cas, elle se trouve alimentée par tant de circonstances, et rencontre tant de facilités à se développer qu'elle arrive bien vite à une très-grande intensité.

Il en est de même des voituriers, conducteurs de diligence, etc., chez lesquels se transmet de génération en génération l'habitude de faire une station à chaque cabaret; des forgerons, et de tous les ouvriers qui sont exposés à une forte chaleur, ou dont le travail exige un grand déploiement de force musculaire : dans ces conditions en effet, les ouvriers sont entraînés à boire, soit pour réparer leurs forces, soit pour apaiser leur soif.

Nous ne prétendons pas donner ici une énumération complète des causes si nombreuses qui ont dévelop d'un si haut degré parmi nous la passion des liqueurs fortes. Nous avons voulu seulement montrer comment on est amené à faire le premier pas dans une voie dans laquelle il est facile de s'engager, mais d'où il est très-difficile de sortir.

C'est toujours très-librement qu'on fait les premiers pas, par légèreté, par ignorance, par bravade, par fausse honte, par suite de ce raisonnement inepte qui nous fait chercher un remède à nos maux dans un mal plus grand : il y a toujours au début un manque de force morale, un laisser-aller dont les suites sont un terrible châtiment.

Nous disons *très-librement* et nous insistons sur le mot. Plus d'un buveur, en effet, se fait une excuse des circonstances au milieu desquelles il se trouve, et du milieu moral dans lequel il a vécu. Nous le reconnaissons, cette excuse serait valable, jusqu'à un certain point, s'il était absolument impossible de modifier ces circonstances et d'échapper à ce milieu ; mais il n'en est pas ainsi. Des efforts considérables ont été faits et sont faits journellement dans ce sens. Aujourd'hui, l'instruction est à la portée de tous, et si l'on en profite si peu, si l'éducation morale de l'enfance est encore tellement négligée, la faute n'en est-elle pas aux parents eux-mêmes qui laissent grandir leurs enfants dans l'oisiveté et le vagabondage, ou les épuisent par un travail prématuré et par conséquent démoralisant ? La faute n'en est-elle pas aux jeunes gens privés des bienfaits de l'instruction primaire, qui négligent les

cours d'adultes et tous les moyens mis à leur disposition
pour combler cette lacune ? Si les logements sont sales
ou malsains, si l'alimentation est trop souvent insuffisante, n'est-ce pas parce que les soins de propreté les
plus élémentaires sont négligés, parce que l'ouvrier
préfère souvent son taudis infect à ces logements si
propres, si bien aérés, si bien entendus, qui s'élèvent
aujourd'hui à son usage dans tous les centres industriels, et dont l'acquisition demande si peu de sacrifices?
N'est-ce pas parce qu'il fait la part du cabaret si
grande qu'il ne reste rien, ou presque rien pour le
ménage ? Oui, le cercle peut être rompu : nous le
montrerons plus tard avec plus de développements.
Bornons-nous pour le moment à affirmer que si toutes
ces circonstances peuvent quelquefois être considérées
comme des circonstances atténuantes, elles ne sauraient
en aucun cas fournir une excuse valable et une véritable justification.

Reconnaissons pourtant qu'il y a des cas où l'entraînement à l'intempérance a un caractère presque fatal,
et où la responsabilité n'est plus entière.

Je veux parler d'abord de l'influence de l'hérédité
qui se fait sentir ici comme dans beaucoup d'autres cas :
le fils de l'ivrogne est presque toujours, comme nous le
verrons plus tard, une pauvre victime désignée d'a-
vance et fatalement aux excès alcooliques.

Enfin les médecins ont observé que certaines maladies
peuvent provoquer et développer la passion des liqueurs fortes chez des personnes qui ne s'y étaient
jamais adonnées auparavant.

Cette observation devait être faite. Le jugement moral
dont toute conscience honnête flétrit l'ivrognerie, doit
être modifié dans certains cas par les circonstances que
nous venons d'indiquer; ce serait une injustice de se
prononcer toujours avec la même sévérité : mais il y
aurait un laisser-aller bien coupable et une indulgence
désastreuse à amnistier toujours l'ivrogne, sous prétexte qu'il n'a pu user de sa liberté, et qu'il a cédé à
un entraînement irrésistible.

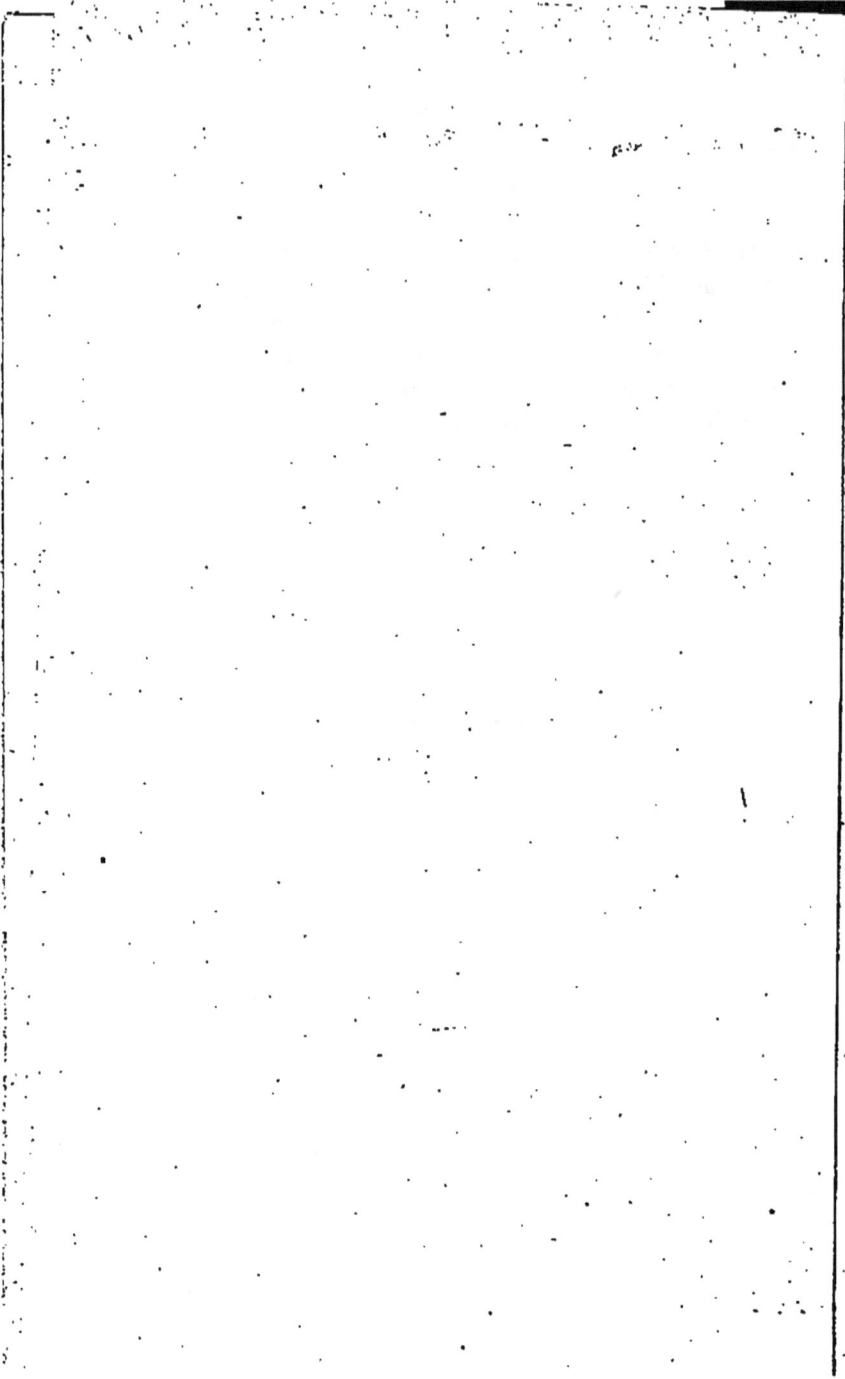

vie
exc
l'ea
gin
qu
pa
se
tar
ré
fa
us
fre
pr
le
ac

IV

L'ENTRAÎNEMENT.

Le premier pas une fois franchi, l'entraînement survient bien vite. Il n'est pas nécessaire pour cela que des excès flagrants aient été commis. L'ouvrier qui introduit l'eau-de-vie, même en quantité modérée, dans son régime habituel, tout aussi bien que le jeune imprudent qui s'enivre dans une séance au cabaret, perdent une partie de leur liberté morale, engagent leur avenir, et se jettent de gaieté de cœur dans un courant dont ils ne tarderont pas à sentir la puissance.

C'est ici le lieu d'étudier une des propriétés les plus redoutables de l'alcool, je veux dire l'attraction presque fatale qu'il exerce sur ceux qui en ont une fois fait usage. Qui a bu boira, dit un vieux proverbe d'une effrayante vérité. L'homme a naturellement une tendance prononcée à répéter les mêmes actions : de là naissent les habitudes. Mais cette tendance est ici singulièrement accrue par les propriétés mêmes de l'alcool. La cha-

leur développée dans l'organisme par l'eau-de-vie,
l'excitation qu'elle produit, l'accroissement apparent
des forces, le bien-être réel, mais très-passager qui résulte de ce déploiement de forces inusité, sont un piége
dangereux qui transforme bientôt la consommation de
l'alcool en habitude puis en excès.

L'alcool agit d'abord très-énergiquement sur les organes du goût et les émousse à tel point que toute
autre saveur paraît fade à côté de celle-là ; je ne crois
pas que la sensation produite par l'eau-de-vie sur le
palais du buveur soit très-agréable; mais c'est une sensation forte, cela suffit, et il la recherche d'autant plus
avidement que ses organes sont bientôt incapables
d'en percevoir d'autres.

D'un autre côté, nous avons vu que l'excitation
causée par l'alcool est suivie d'un prompt affaissement.
Cet affaissement est presque toujours douloureux : de
là chez le buveur le désir tout naturel de retrouver des
forces et de faire disparaître cette douleur. Il ne pense
pas que c'est à l'alcool qu'il doit l'un et l'autre, et qu'il
y a là un avertissement salutaire qui devrait le mettre
en garde contre la fatale boisson. Il ne se souvient que
d'une chose, c'est qu'il a trouvé d'abord dans l'usage
de l'eau-de-vie un certain bien-être et une certaine
énergie : c'est donc à l'eau-de-vie qu'il demandera le
remède dont il éprouve le besoin. Mais cette fois, pour
s'exciter au même point, il lui en faut une dose plus
forte. Ainsi la proportion de la dose s'accroît sans cesse,
parce que l'organisme surmené ne retrouve un peu de

vigueur qu'à l'aide d'une excitation de plus en plus forte.

Nous avons déjà vu que l'absinthe et certaines eaux-de-vie non rectifiées contiennent des principes qui dessèchent le gosier, et excitent à boire encore à mesure qu'on consomme davantage.

C'est ainsi que les excès s'enchaînent l'un à l'autre par un lien invisible et presque fatal. L'ouvrier qui fait un usage quotidien de l'alcool et qui s'imagine qu'il restera toujours dans les limites de la modération, se fait une dangereuse illusion. Pendant un an, deux ans, il se contentera d'un petit verre le matin; puis il en prendra un second à midi, puis un autre le soir. Bientôt il en prendra à toute heure et finira par ne plus compter. L'ivrogne qui s'imagine que tout est dit quand il a cuvé son vin est dans la même erreur; et ils ne tarderont pas à s'apercevoir qu'ils se sont créé un tempérament nouveau, des besoins factices mais impérieux, dont ils seront bientôt les esclaves dociles et soumis.

Tous ceux qui se sont occupés de l'alcoolisme signalent la puissance de cet entraînement. « Deux choses nous ont frappé, dit un célèbre médecin aliéniste, dans les désordres de l'esprit qu'on observe chez les individus qui ont fait un usage immodéré du vin et des liqueurs fortes : la perversion de certaines facultés et l'irrésistibilité du penchant, en présence des événements les plus désastreux (1). »

(1) Brierre de Boismont, du Suicide, 2e édit., p. 69.

Le même auteur cite plusieurs exemples à l'appui de ce fait, entre autres celui d'un homme jeune, bien né, auquel il retraçait toutes les conséquences du vice auquel il se livrait, et qui lui répondit : Eh bien! Que voulez-vous? J'en mourrai! Il mourut en effet six mois après; — et celui d'une jeune dame, d'une imagination romanesque qui, ne trouvant pas dans son mariage le bonheur qu'elle avait rêvé, chercha une distraction dans les plaisirs de la table, prit goût peu à peu au vin et aux liqueurs, si bien que ce goût devint bientôt une passion furieuse que rien ne put arrêter; cette malheureuse finit par mourir d'épuisement dans une maison de santé (1).

« Ni la crainte des lois, dit un autre médecin, ni l'opinion de nos maîtres ou de la société, ne peuvent dompter ce vice lorsque l'habitude l'a rendu maître du *logis*. Il faut un miracle, une résurrection pour qu'un malade soit guéri de sa fureur, et les cures sont réellement phénoménales (2). »

D'autres vont plus loin encore. « La passion de boire a envahi toutes les classes; riches et pauvres, prolétaires et grands seigneurs, savants et ignorants, toutes les positions sociales fournissent des victimes à l'hydre insatiable. Éducation, position sociale élevée, charge d'âmes, rien ne préserve l'homme de cette passion funeste...... Il semble toujours qu'il faudrait peu de choses pour arracher l'homme à son funeste penchant;

---

(1) Brierre de Boismont, *op. cit. ibid.*
(2) Lauvergne *de l'Agonie et de la mort.*

eh bien! non. Toute tentative échouera misérablement... pour ma part, je n'ai jamais vu une seule guérison. *L'habitude de boire est une seconde nature : on peut
l'empêcher de naître, mais la guérir, jamais* (1). »

Telle est la puissance de l'alcool : il faut pour résister
à cette fascination une énergie morale, une possession
de soi-même qui, hélas! ne se rencontrent pas toujours.
Les peuplades sauvages, auxquelles, comme aux enfants, manque précisément cette force de résistance,
sont perdues dès qu'elles ont touché à l'alcool. La passion de l'*eau-de-feu* se développe chez elles avec une
rapidité foudroyante. Il y a malheureusement chez les
nations civilisées bien des hommes qui sont sauvages
sur ce point, et qu'on ne peut guère mettre au-dessus
des nègres et des peaux-rouges.

Soit donc que l'ouvrier ait été entraîné par les conséquences d'un premier excès, soit qu'il ait été amené
peu à peu à l'ivrognerie par un usage quotidien gra-
duellement augmenté de l'eau-de-vie, il arrive presque
fatalement un moment où la passion le domine complètement.

Il commence par consacrer à la boisson les jours de
chômage dont il peut disposer. Ce sont d'abord quelques
dimanches, puis tous les dimanches. Ce jour-là les cabarets regorgent de monde, surtout si, à l'atelier, la paie
a eu lieu le samedi. Des libations trop copieuses le dimanche entraînent bientôt invariablement l'incapacité

(1) Dr Benoît, *De l'Abus des boissons alcooliques*, Belfort, 1863,
pages 30 et 32.

de travail pour le lundi, puis, par une conséquence
toute naturelle, la répétition, ce jour-là, des excès du
jour précédent. Telle est l'origine de la *Saint-Lundi* qui
finit par être régulièrement fêtée. En est-on plus dispos
pour se remettre au travail le mardi matin ? Nullement.
Pour plus d'un ouvrier, la semaine de travail ne commence que quand ils sont à bout d'argent, de crédit et
de force; et si cette cause majeure ne produisait pas un
arrêt forcé, il n'y aurait pas de raison pour que cette
orgie effrénée ne prît un caractère chronique et perpé-
tuel.

J'ai connu des buveurs que la manie alcoolique en-
vahissait périodiquement comme une fièvre, qui pas-
saient huit et même quinze jours sans une lueur de
raison, ivres dès le matin, avant d'avoir cuvé leur vin
de la veille, et qui ne s'arrêtaient dans cette voie qu'à
bout de forces, en face de circonstances plus puissantes
que leur malheureuse passion. Après ces excès prolon-
gés, ils étaient pendant un ou deux mois d'une sobriété
relative, puis survenait un nouvel accès.

Du reste, pour peu que les circonstances s'y prêtent,
la manie de l'alcool ne tarde pas à prendre un caractère
chronique des plus dangereux.

L'ivrogne commence par boire en compagnie, entraîné par les mauvais exemples et l'excitation du moment. Il y a, dans sa passion, à côté du besoin de boire,
le besoin de se trouver avec ses pareils. Il en arrive
bientôt à boire *seul*, à se cacher, à se dérober à tous les
regards pour satisfaire sa honteuse passion. Il n'y a

plus en lui que l'appétit bestial des boissons enivrantes.
Si vous parvenez, par un moyen quelconque, à le mettre
dans l'impossibilité de boire, il est inquiet, tourmenté,
poursuivi par une idée fixe; il erre çà et là comme une
âme en peine, cherchant et furetant dans tous les coins.
Alors il n'est pas bien difficile dans ses goûts; tout lui
est bon, et s'il découvre quelque bouteille oubliée, pour
peu qu'elle renferme quelques traces d'alcool, il en vide
le contenu. On en a vu se jeter, faute de mieux, sur de
l'eau de Cologne et la boire. Les obstacles les rendent
ingénieux, ils se ménagent des provisions, cachent des
bouteilles dans la paillasse de leur lit ou dans quelque
autre coin où ils les croient en sûreté, et malgré toute
la surveillance possible, ils parviennent ainsi à absorber le poison qui achève de les tuer.

Nous voici arrivés au point culminant de la passion
des boissons alcooliques. Il n'y a plus de progrès à faire.
Le poison a employé et épuisé toute sa puissance. Une
fois arrivé à ce degré, l'ivrogne est à peu près incurable.
Il suit l'impulsion donnée aussi fatalement que le bou-
let qui sort de la gueule du canon. Ivre sans interrup-
tion, il ne se réveille de ses accès que pour éprouver
l'irrésistible envie de boire encore. Il n'y a que la paralysie ou la mort qui puissent l'arrêter. Il n'a plus
qu'une préoccupation, qu'un souci qui l'assiége et l'obsède nuit et jour, et qui subsiste seul dans la nuit de
son intelligence et de sa pensée : celui de se procurer
la boisson funeste. Femme, enfants, parents, amis, tout
cela n'est plus rien pour lui. Raison, conscience, tout

cela s'est éteint depuis longtemps. Ce n'est plus un
homme, c'est « une poche à digérer, » c'est un organisme épuisé qui végète misérablement et qui ne peut
plus remplir qu'une fonction : boire de l'eau-de-vie et
exhaler des vapeurs d'alcool. Cet alambic ambulant,
triste reste de ce qui fut un être sensible, intelligent et
raisonnable, s'imprègne d'alcool jusqu'à la dernière
fibre. Gardez-vous alors d'approcher de trop près d'un
individu ainsi alcoolisé, la flamme d'une bougie. On en
a vu prendre feu et se consumer entièrement comme
un paquet d'étoupes trempé dans un liquide inflam-
mable (1).

Il n'est pas d'aspect plus triste et plus repoussant que
celui de l'homme qui en est arrivé à ce degré : la face
jaune et maladive, marbrée par ce réseau de lignes
violettes qu'on a nommé le *bouquet des ivrognes*, le regard éteint, la physionomie bestiale, les chairs flasques
et pendantes, la démarche vacillante, l'attitude courbée,
tel est l'aspect de ce cadavre vivant qui se meut péniblement au milieu d'une atmosphère de vapeurs alcooliques; cet ensemble forme un spectacle hideux, et
présente aux yeux étonnés une image frappante du
dernier degré de l'abrutissement.

(1) Voy. Bergeret, *de l'Abus des boissons alcooliques*, p. 174, sq

V

LES MALADIES DES IVROGNES.

Le corps humain est un ensemble d'organes en rela-
tion constante les uns avec les autres, vivant dans un
milieu liquide qui est le sang. La santé résulte du
fonctionnement normal et équilibré de ces différents
organes; elle dépend à la fois de leur intégrité et de la
pureté du milieu dans lequel ils vivent. Il est évident
que si ces organes sont plongés dans un liquide saturé
d'alcool, il doit s'ensuivre les perturbations les plus
graves.

L'ivresse, qui est la première de ces perturbations,
nous montre déjà suffisamment tous les caractères du poison. Il semble que ce phénomène si connu soit comme
un avertissement placé à l'entrée du vice, et destiné à en
détourner tous ceux qui ont encore quelque jugement
et quelque bon sens.

Il n'est pas nécessaire de faire ici, après tant d'autres
écrivains, une peinture détaillée de l'ivresse. Je n'en

veux relever que les principaux traits, pour montrer
que l'alcool ne prend pas le buveur en traître, et qu'il
donne en abrégé dans le phénomène de l'ivresse, ce
qu'il prodiguera quand les excès seront devenus une
habitude.

L'ivresse commence par une grande surexcitation :
la face est fortement colorée, les yeux sont vifs et
brillants ; dans cette première phase, le buveur est
libre de toute préoccupation et de tout souci, et mani-
feste une joie bruyante. Bientôt survient l'incohérence
dans les idées ; le buveur devient loquace, jase à tort
et à travers avec de grands éclats de voix, et accom-
pagne ses discours des gestes les plus extravagants.
Naturellement, il n'y a plus de secrets pour lui, et son caractère se montre naïvement au grand jour. « L'homme
colère s'irrite, frappe et mord ; l'homme passionné
soupire, embrasse ; le sot se met à rire et fatigue de ses
présents ceux qui n'en veulent pas ; l'homme triste verse
des larmes et parle de la religion et de la mort (Jo-
seph Frank). » Puis les yeux se troublent, les oreilles
tintent, la voix devient rauque ; la raison s'obscurcit et
disparaît peu à peu. Bientôt les troubles les plus graves
se manifestent : l'organe de l'équilibre et de la coordi-
nation des mouvements est atteint ; de là l'embarras
de la langue, le bredouillement inintelligible de l'ivrogne, de là ses mouvements mal calculés et maladroits ;
de là surtout cette démarche chancelante que l'on
connaît, ces arabesques fantastiques décrites par le buveur qui rentre au logis, ces chutes fréquentes qui lui

mettent les mains et le visage en sang, et maculent ses vêtements de poussière et de boue. Alors ce n'est plus la joie qu'on lit sur ses traits fatigués et stupides, c'est une morne tristesse; le regard est éteint, la face injectée, toute la physionomie porte la trace de l'hébétement le plus complet.

Quand l'ivresse est plus profonde, les accidents sont plus graves encore. L'estomac surmené, surexcité à l'excès, incapable de conserver la masse de liquide ingéré, se contracte et rejette le poids qui l'accable : alors surviennent ces hoquets dégoûtants, ces vomissements immondes qui frappent d'horreur et de pitié ceux qui en sont témoins. « A une période plus avancée et plus complète de l'ivresse, survient le relâchement des sphincters, d'où perte d'urine involontaire et même de matières excrémentielles. C'est alors que l'ivrogne croupit dans sa fange comme un porc (1). »

Enfin l'ivrogne cuve son vin, plongé dans un sommeil léthargique qui peut se prolonger pendant 24 h. et la plupart du temps privé de toute sensibilité.

Voilà, semble-t-il, un avertissement dans les règles. L'ivresse, il est vrai, ne dure que quelques heures, et les perturbations qui l'accompagnent sont passagères. Mais la courte folie de l'ivresse n'est-elle pas une image frappante de cette folie plus durable qu'on a appelée la folie des ivrognes, et dont nous aurons à parler plus tard? Ces désordres de l'estomac ne sont-il

(1) Bouchardat, l'Eau-de-vie et ses dangers, p. 46.

pas un avant-coureur des maux plus graves qui s'y
développeront par suite d'excès répétés? Et ne recon-
naît-on pas dans cette démarche chancelante, dans
cette masse inerte et insensible qui gît comme un
cadavre, le tremblement de l'ivrogne, la paralysie,
qui, gagnant de proche en proche, saisiront un jour la
malheureuse victime de l'alcool? Pourquoi cet avertissement est-il si peu compris?

Mais n'anticipons pas, et reprenons, dans leur ordre
naturel, les faits que nous avons à exposer.

En dehors de ces crises passagères qui surviennent
après une orgie, la marche du poison semble plus
insidieuse; un grand nombre d'ivrognes paraissent
supporter les excès pendant bien des années sans que
leur santé soit notablement altérée : mais l'apparence
est ici bien trompeuse, et les avertissements ne manquent pas, car les faits que nous allons décrire n'arrivent que successivement.

L'estomac qui se trouve le premier en contact avec
l'alcool est aussi l'organe qui en subit le premier les
effets désastreux. Violemment excité, il se fatigue,
s'épuise et peu à peu devient moins capable de remplir
ses importantes fonctions. La digestion devient difficile ; des sécrétions muqueuses abondantes et souvent
acides occasionnent la pituite ; les vomissements sont
fréquents surtout le matin; aussi l'ivrogne devient peu
à peu irrégulier dans ses repas, mange peu et ne tarde
pas à éprouver un dégoût insurmontable pour les aliments, et à ne presque plus manger du tout.

L'estomac porte du reste des traces de cette excitation continuelle. Elle se traduit à la surface interne de
cet organe par un engorgement des vaisseaux sanguins
qui devient peu à peu l'état habituel, et qui peut occa-
sionner d'abord des souffrances très-vives, des exsu-
dations de sang, puis de graves ulcérations, et enfin
préparer un cancer de l'estomac ou un squirrhe.

L'alcool ne séjourne pas longtemps dans l'estomac;
nous avons vu qu'il est rapidement absorbé et qu'il
passe sans modifications dans le sang. L'effet de l'alcool
sur le sang semble être d'en empêcher ou d'en diminuer l'oxygénation dans les poumons. Par quel méca-
nisme cet effet se produit-il? Est-ce par une action
directe de l'alcool sur le sang? Est-ce par un ralentis-
sement des fonctions respiratoires? Les ivrognes, en
effet, éprouvent très-souvent une grande difficulté à
respirer. Est-ce parce que l'alcool dont le sang est
saturé absorberait pour se décomposer dans les poumons l'oxygène introduit, et en priverait ainsi le sang
lui-même? Cette question est du domaine de la science,
et nous nous bornons à constater que cette action de
l'alcool a été mise en lumière par une curieuse expérience de M. Bouchardat. Il a donné à un vieux coq du
pain trempé dans l'eau-de-vie. La crête rouge rutilante
en temps ordinaire, devenait noire et trahissait ainsi
la couleur du sang qui y circulait. Le sang artériel
avait donc revêtu les caractères du sang veineux. Ce
fait nous donne une explication de la faiblesse des
muscles des alcoolisés et des cas de mort subite par

asphyxie qu'on a observés chez les ivrognes. (1).

Le sang ainsi alcoolisé arrive au foie qui devient à son tour le siége de nombreuses maladies. L'inflammation du foie, la diminution de la sécrétion de la bile, l'augmentation du poids et du volume de ce viscère, la transformation graisseuse produisant le foie gras, sont les conséquences à peu près certaines des excès alcooliques. Cette dernière affection est bien connue des marchands de volailles qui utilisent cette propriété de l'alcool pour la produire artificiellement.

Le sang, imprégné d'alcool, se rend ensuite dans tous les autres organes qu'il surexcite d'abord, puis qu'il abat. Il n'est pas nécessaire d'énumérer ici toutes les maladies qui résultent de son action sur les artères et les veines, le cœur, les poumons, la peau; bornons-nous à dire qu'un grand nombre d'affections de la peau, de désordres dans la circulation, de maladies de cœur et de poitrine, n'ont d'autre cause que les excès alcooliques de ceux qui en sont les victimes.

Ajoutons que quand même l'alcool ne produirait aucune de ces maladies, son action déprimante n'en serait pas moins funeste à l'organisme. Cet affaissement des organes se traduit par une faiblesse générale dont l'ivrogne ne tarde pas à s'apercevoir, et qui constitue pour lui un danger d'autant plus grand, qu'il ne connaît qu'un moyen de la combattre, c'est d'absorber

(1) Bouchardat, ouvrage cité, p. 8.

des doses d'alcool toujours croissantes, dont l'effet certain est au contraire d'empirer le mal. La faiblesse va
donc en augmentant. C'est ce qui nous explique pourquoi chez un homme alcoolisé, les plus légères affections prennent toujours un caractère très-grave, et
deviennent très-rapidement mortelles. Les maladies
aiguës emportent surtout fatalement les ivrognes. Une
épidémie survenant, c'est parmi eux qu'elle fait les
victimes les plus nombreuses. Il est tout naturel qu'un
corps affaibli et ruiné par les excès, privé d'aliments
réparateurs et en même temps soumis à une excitation
continuelle, soit prédisposé aux maladies, et grâce à
un épuisement prématuré, n'ait pas la force de résistance nécessaire pour en triompher.

On dit qu'aux Etats-Unis, le médecin commence par
demander à son malade s'il a fait usage des liqueurs
fortes ; si la réponse est affirmative, il hausse les épau-
les et écrit machinalement une ordonnance : l'expérience lui a appris qu'en ce cas il n'y a pas beaucoup
à espérer.

Voici maintenant un point qui doit attirer plus fortement notre attention : c'est l'effet de l'alcool sur le
système nerveux.

Le système nerveux, c'est-à-dire le cerveau avec ses
accessoires, la moelle épinière et les nerfs qui s'en dé-
tachent et se rendent à tous les organes, joue un rôle
très-important dans tous les phénomènes qui se passent dans l'organisme ; il préside à toutes les fonctions,
les active ou les modère, et fait régner l'harmonie dans

le jeu des forces vitales. C'est en même temps un ins-
trument très-compliqué, d'une grande délicatesse et
sur lequel un excitant comme l'alcool doit agir avec
une grande énergie.

On sait déjà par ce que nous avons dit de l'ivresse
que cette action ne peut être que funeste.

Le premier effet permanent de l'alcool sur le système nerveux est un tremblement particulier des
mains que connaissent par expérience d'une façon
spéciale les buveurs d'absinthe et de vin blanc. D'autres nerfs que ceux des extrémités supérieures sont
aussi atteints ; la langue s'embarrasse et devient hési-
tante, la vue se trouble et s'affaiblit. La paralysie ne
tarde pas à s'y joindre ; elle commence aux extrémités :
l'ivrogne ne peut plus saisir avec ses doigts, ou, s'il
parvient encore à le faire, il ne peut plus tenir et ser-
rer ce qu'il a saisi : les objets lui échappent des mains.
La faiblesse s'étend ensuite à l'avant-bras, puis au
bras, et monte jusqu'à l'épaule, en même temps qu'elle
attaque aussi les extrémités inférieures. La démarche
devient incertaine et chancelante ; la paralysie monte
successivement et envahit le membre entier ; les muscles du dos sont quelquefois atteints, et le malade devient incapable de se maintenir dans une position quelconque et reste presque constamment couché. Il en
arrive même à ne plus pouvoir manger lui-même ;
alors on est obligé de lui mettre les aliments dans la
bouche comme à un enfant. La paralysie devient alors
à peu près générale.

L'insensibilité survient à son tour ; elle commence, comme la paralysie, par les extrémités. L'amaigrissement arrive progressivement à mesure que se produisent ces phénomènes.

D'autres fois, mais assez rarement, la sensibilité est au contraire exagérée, soit à la surface, soit dans les parties profondes. Cette forme de l'alcoolisme est très-douloureuse. Le malade ressent des fourmillements ; il tressaille et pousse des cris au moindre attouchement.

Quelquefois aussi, au tremblement des mains, succèdent des crampes, des tiraillements, des soubresauts, une sorte de danse de St-Guy, et des accès convulsifs de forme épileptique qui peuvent dégénérer en véritable épilepsie.

On a été longtemps sans connaître d'une manière précise la véritable cause de ces accès épileptiques qui surviennent quelquefois chez les alcoolisés. Les expériences de M. le Dr Magnan ont jeté un grand jour sur cette question, et ont prouvé d'une manière très-nette que c'est à l'absinthe qu'il faut attribuer l'épilepsie des ivrognes.

Voici ces expériences que nous recommandons à l'attention de tous les buveurs d'absinthe. Des cochons d'Inde, enfermés sous une cloche renfermant des vapeurs d'alcool tombent rapidement en état d'ivresse et s'endorment. Si on remplace l'alcool par des vapeurs d'absinthe, la scène change : l'animal s'agite violemment : les crises épileptiques se manifestent. Ces expériences faites avec soin et bien des fois répétées, ont toujours produit les mêmes résultats.

On peut en conclure que les crises d'épilepsie si souvent constatées chez les buveurs de profession, résultent des excès ou même de l'usage habituel de l'absinthe.

M. le Dr Magnan a d'ailleurs trouvé la confirmation de ses expériences. 250 cas d'alcoolisme aigu, observés au bureau central des aliénés de la Seine de 1869 à 1871, lui ont permis de vérifier et de confirmer ses premières conclusions, et il résulte de ces faits que les malades atteints d'alcoolisme aigu avec crises épileptiques, s'adonnent presque toujours à la liqueur d'absinthe (1). Ce n'est donc pas sans raison qu'on a surnommé l'absinthe le *poison vert*.

Si le système nerveux est ainsi troublé en ce qui concerne le mouvement et la sensibilité, à plus forte raison l'est-il dans l'accomplissement des fonctions les plus élevées dont il est le siége, je veux dire les fonctions intellectuelles. Le malade devient incapable de tout effort d'esprit, parle difficilement, a peine même à suivre la conversation la plus ordinaire et la plus banale. Il devient indifférent à tout ce qui se passe autour de lui : en un mot, la vie de l'intelligence semble déjà éteinte.

Mais si les fonctions normales sont profondément oublées ou n'existent plus, les phénomènes maladifs

(1) *Revue scientifique*, avril 1869, — août 1871.

s'y substituent en grand nombre. Les malades sont fréquemment obsédés par des visions et des hallucinations singulières, et sont visités tout éveillés par d'incroyables cauchemars. Ils ont des rêves effrayants, voient des objets hideux, des figures menaçantes, des animaux immondes de toute sorte dont ils cherchent à se garantir en étendant les bras ou en se cachant le visage. L'un voit des rats, des souris, des chiens, des poissons, des singes, des serpents courir ou ramper sur son lit, dans la chambre, le long des murailles. Un autre passe des journées à surveiller avec anxiété les mouvements d'un chat imaginaire qui, en grimpant le long de ses jambes, lui enfonce ses griffes dans les chairs; un autre voit les murs tapissés de squelettes, de fantômes, de diables qui grimpent le long des cloisons et disparaissent; un autre croit voir des voleurs ou des assassins pénétrer dans sa chambre, ou se plaint d'avoir le corps brisé des coups de fouet qu'un charretier vient lui administrer toutes les nuits. Chez les buveurs d'absinthe, les visions sont encore plus affreuses. Ce sont, au lieu d'animaux immondes, des flammes qui environnent le lit, des armes dont la pointe menaçante est tournée vers le malheureux halluciné. En général, le malade est sous l'empire d'impressions tristes : un pot, un bonnet, une bouteille de médicament, une ombre, deviennent des personnages effrayants dont les grimaces le remplissent de terreur (1).

(1) Voyez surtout Brierre de Boismont, *des Hallucinations*, etc, 3e édit. p. 172 et suiv.

5

D'autres fois, ce sont des hallucinations de l'ouïe. Les malades entendent des voix qui les effraient; c'est un voisin imaginaire qui les importune de son bavardage incessant, ou qui les persécute et les poursuit de ses injures, et auquel ils répondent de temps en temps d'une façon très-rude. L'odorat est quelquefois affecté, et les malades s'imaginent que le diable a passé dans leur chambre, se plaignent de l'odeur qu'il y a laissé et qui les suffoque. Une hallucination du goût leur fait croire souvent que tout ce qu'ils boivent est de l'eau-de-vie.

Nous touchons de bien près à la folie. Nous allons la voir apparaître. « Dans notre Europe, dit M. Bouchardat, l'abus des alcooliques est la plus puissante des causes déterminantes de la folie (1). » La folie, en effet, menace constamment l'ivrogne. Il y est tellement prédisposé que la moindre circonstance suffit pour la provoquer, comme une petite pression sur la détente suffit pour faire partir un fusil chargé.

Il suffit en effet d'un excès un peu plus fort que les excès habituels, d'un mouvement de colère, d'une contrariété, d'une indisposition légère de la tête ou de l'estomac, d'une blessure sans gravité pour provoquer chez les ivrognes une attaque de folie.

La *folie des ivrognes*, dont le Dr Léveillé a écrit l'histoire, et auquel nous empruntons la description de cette affection, se présente d'abord à l'état aigu; elle

(1) *L'Eau-de-vie et ses dangers*, p. 57.

se déclare soudainement et cesse de même. Elle est tantôt paisible et inoffensive, tantôt tellement furieuse qu'on est obligé pour contenir les malades d'avoir recours à la camisole de force. « Les malades se parlent, dit le D⁻ Léveillé, s'interrogent, se font des réponses justes et laconiques. La plupart sont gais et croient exercer leur profession... Tous se font remarquer par un babil et une loquacité intarissables ; ils vocifèrent, ils poussent des cris affreux et ne laissent prendre aucun repos aux malades avec lesquels ils sont réunis dans la même salle ; enfin ils sont visionnaires et hallucinés ; des gendarmes pour les arrêter, des voleurs pour les dépouiller, des animaux de toute espèce, des êtres qui voltigent, se présentent toujours à leur imagination déréglée... C'est toujours dans un état de contrainte que nous voyons ces malades dans les hôpitaux. Chez eux, où ils sont en pleine liberté, ils courent en tous sens ; ils ne savent ni ce qu'ils font, ni ce qu'ils veulent ; ils ne calculent aucun danger et n'ont pas la conscience du mal dont ils peuvent être les auteurs. La surveillance exercée autour d'eux les importune et les irrite ; leur fureur éclate au plus haut degré, dès qu'un moyen d'évasion ne leur a pas réussi ; ils cassent et brisent tout ce qui tombe sous leurs mains ; ils sont d'une pétulance qui ne connait pas de frein. Sourds aux paroles de bienveillance qu'on leur adresse, ces fous se répandent en invectives grossières, et loin de leur imposer, un ton sévère ne les rend que plus indomptables (1). »

(1) Léveillé, *Hist. de la folie des ivrognes,* p. 42 et suiv.

Ajoutons que dans les *moments de calme*, les mala-
les ont les mains et les bras agités d'un tremblement
continuel ; que les urines coulent ordinairement en
grande abondance, à l'insu du malade ; que tout le
corps est inondé d'une sueur fétide tellement abondante qu'elle pénètre la camisole de force, le linge de
corps et les fournitures du lit, et nous aurons une idée
de la folie dite *folie des ivrognes*.

L'absinthe se révèle encore ici avec des caractères
particuliers. La folie causée par cette liqueur éclate
plus vite, et souvent avant que le progrès du mal ait
amené le tremblement des mains. Les malades sont
plus tristes, ils se tiennent à l'écart, et l'inquiétude est
toujours peinte sur leur visage.

Cette affection est souvent accompagnée de mono-
manies qui ne sont pas sans présenter de graves dangers ; ce sont la manie du vol, l'érotomanie ou exaltation des instincts sexuels, la manie homicide et la
manie du suicide (1).

Cette folie aiguë, qui se maintient souvent assez
longtemps après que la cause qui l'a provoquée n'existe
plus, est assez facilement guérissable. On a aussi observé une forme *suraiguë*, beaucoup plus dangereuse,
et qui devient rapidement mortelle pour le plus grand
nombre des malades. Même dans la forme ordinaire,
si les excès continuent, d'autres accès surviennent, et
si l'un d'eux n'emporte pas le malade, elle devient

(1) Brierre de Boismont, *du Suicide*, 2e édit , p. 69.

insensiblement chronique, avec des alternatives de calme et de fureur, et se surajoute à toutes les tristes conséquences de l'alcoolisme dont nous avons déjà parlé. La folie chronique arrive du reste insensiblement, même lorsqu'il n'y a pas eu d'accès aigu antérieur, sous forme de cet hébètement particulier aux ivrognes, et qui se transforme en peu de temps en idiotisme.

Veut-on savoir maintenant dans quelle proportion les cas de folie sont produits par l'alcool? M. le Dr Parchappe affirme que sur 176 aliénés admis à Charenton, la folie venait de l'alcool dans 60 cas. En 1869 la proportion des folies alcooliques était de 20 pour 100 dans le département de Seine-et-Oise, de 21,90 dans la Manche, de 22,58 dans la Seine-Inférieure, de 25,71 dans les Côtes-du-Nord, de 28,77 dans la Mayenne, de 31,78 dans le Calvados (1). En 1870, près de 27 pour 100 des aliénés admis à Ste-Anne étaient des alcooliques; en 1874, sous la Commune, la proportion s'est élevée à près de 56 pour 100 !

Tous les détails que nous venons de donner résultent d'observations faites par des médecins et des aliénistes sur les malades confiés à leurs soins. Nul homme raisonnable ne peut concevoir le moindre doute à cet égard : maladies de toute espèce, paralysie, épilepsie, folie, voilà bien les conséquences des excès alcooliques.

(1) Voyez les tableaux dressés par M. le Dr Lunier, ouvrage cité p. 14-15, 20-21.

Il restait pourtant à faire des expériences directes pour
établir ces résultats avec une certitude incontestable.
Ces expériences ont été faites, non sur des hommes, ce
qui n'était pas possible, mais sur de jeunes chiens,
soumis par le Dr Magnan à une nourriture alcoolisée.
Voici les détails de ces expériences, communiqués par
M. Magnan à la Société de biologie de Paris. Nous
citons textuellement le compte rendu de la *Revue scientifique* :

« Cinq jeunes chiens absorbent journellement une
dose progressive d'alcool à 86°, de 20 à 60 grammes.
Bientôt après, ils titubent tous, et les plus gloutons,
saturés d'alcool, tombent dans un sommeil comateux.
Le régime alcoolique ainsi réglé produit chaque jour
une ivresse dont la durée et l'intensité croissent progressivement pendant environ 2 mois. A partir du 3°,
les animaux se dégoûtent et n'absorbent plus, quoi
qu'on fasse, une quantité d'aliments alcoolisés suffisante pour provoquer l'ivresse avec résolution complète du corps. Mais à ce moment déjà, il s'est développé, à part les phénomènes journaliers, un ensemble
symptomatique qui rappelle absolument ce qui se passe
chez l'homme dans les mêmes conditions.

« Les animaux deviennent d'une susceptibilité ner-
veuse remarquable; ils sont inquiets, prêtent l'oreille,
le moindre bruit les fait tressaillir. Dès que la porte
s'ouvre, ils courent, laissant sur leur passage une
traînée d'urine et de matières fécales, se cacher dans
le coin le plus obscur. Insensibles ou indifférents aux

caresses, ils mordent même quand on les approche;
si on menace de les frapper, ils poussent des cris dé-
chirants. Deux d'entre eux sont devenus complétement
hallucinés. On les voit fuir comme s'ils étaient pour-
suivis par un ennemi, détourner la tête en arrière,
aboyer avec force, courir effarés et mordre dans le
vide; la nuit, ils poussent des hurlements plaintifs
que l'intervention seule d'une lumière fait cesser. Ces
accès de délire sont d'ailleurs passagers et se produisent habituellement vers la fin de l'ivresse. Les
manifestations hallucinatoires, fréquentes pendant le
2ᵉ mois, sont devenues ensuite plus rares, probable-
ment à cause de la moindre ingestion d'alcool. Pendant l'ivresse il y a anesthésie (insensibilité) presque
complète dans le train postérieur, incomplète dans le
train antérieur. Enfin, du côté de la motilité, phénomènes passagers de parésie (demi-paralysie) et surtout
le tremblement caractéristique dans les membres, de
la trémulation dans les muscles du dos et des oscilla-
tions rhythmiques de la tête, surtout quand l'animal est
assis sur le train postérieur.

» ..... Les altérations anatomiques présentées par les
animaux étaient..... injection, épaississement ou ulcé-
ration de la muqueuse gastrique, dégénérescence
graisseuse plus ou moins confirmée du foie et des
reins..... etc. (1). »

Ainsi se trouvent confirmés par des expériences

(1) *Revue scientifique*, 2ᵉ série, 1ʳᵉ année p. 360.

directes les principaux faits dont nous avons entretenu
nos lecteurs. Qu'on ne s'imagine pas que pour en arriver là et subir cet enchaînement des maux les plus
affreux, il faille s'être livré à des excès monstrueux.
Une fois qu'on arrive à un certain point, le mal est
fait, et c'est en vain bien souvent qu'on renonce à
l'alcool. La suppression de la cause ne supprime pas
toujours les effets. L'alcool éliminé ou détruit n'agit
plus, il est vrai, mais l'action qu'il a exercée se continue ; l'ébranlement primitif se propage, comme les
mouvements concentriques qui se produisent dans
l'eau, après que la pierre dont la chute les a produits
est depuis longtemps immobile au fond, et la présence
de l'alcool n'est plus nécessaire pour l'évolution des
perturbations qu'il a causées (1). En présence de pareilles éventualités, le plus sûr est donc de se tenir
constamment sur ses gardes.

(1) Racle, *de l'Alcoolisme.*

VI

LA MORT DE L'IVROGNE.

L'ivrogne meurt toujours par l'alcool. De lui on peut toujours dire : c'est l'eau-de-vie qui l'a tué.

Quelques-uns sont foudroyés par une absorption trop considérable d'alcool. Quand le corps n'est pas encore habitué aux boissons enivrantes, une quantité d'eau-de-vie relativement restreinte, absorbée dans un temps très-court, produit une mort presque foudroyante. Le cas s'est présenté quelquefois, soit lorsque des buveurs encore novices et présumant trop de leur capacité, ont voulu par une simple vantardise faire preuve d'une corruption à laquelle ils n'étaient pas encore parvenus, soit lorsque dans le délire de l'ivresse, un malheureux n'ayant plus conscience de rien, ingurgite de l'alcool sans relâche jusqu'à ce qu'il meure au milieu de l'orgie. Il suffit souvent d'un demi-litre d'eau-de-vie pour produire ce résultat.

Souvent les circonstances favorisent cette issue fatale,

sans que les excès aient été aussi considérables. Un
jour de foire ou de marché, par le froid et la neige, un
buveur attardé se met en route pour regagner son logis
après avoir copieusement scellé le marché conclu. Après
une demi-heure de marche lente et pénible, il est pris
par un sommeil irrésistible, se couche dans la neige au
bord de la route et y meurt. Sa femme passe la nuit
dans l'angoisse à l'attendre, et le lendemain les passants secouent en vain son cadavre roidi. Je me rappelle encore, et non sans un certain frisson, d'avoir,
dans mon enfance, aidé à charger sur une voiture, sur
la paille, en compagnie des pourceaux, un malheureux
qui s'était endormi dans le fossé et qui fut ainsi ar-
raché à une mort certaine.

Le froid exerce sur les gens ivres une action redoutable, sur laquelle il faut insister. Pendant la campagne
de 1814, les soldats qui prenaient des liqueurs fortes
sous prétexte de se réchauffer, ne tardaient pas à succomber à l'ivresse au milieu des neiges. Les moines du
mont St-Bernard affirment que l'action de l'alcool est
la cause la plus fréquente de la mort des voyageurs au
milieu des neiges. Une dose d'alcool qui aurait été
inoffensive dans une atmosphère moins froide suffit pour
les faire succomber. Les religieux ne distribuent que
du café aux voyageurs. L'effet du froid est quelquefois
instantané : on a relevé des ivrognes qui venaient de
tomber morts à vingt pas de la taverne où ils s'étaient
grisés.

D'autres fois, c'est une chute malheureuse qui aboutit

au même résultat : la tête porte sur un tronc d'arbre ou le coin d'un mur et s'y brise. Un autre s'assied au coin de son feu, s'endort, tombe dans le brasier et y est brûlé vif, soit qu'au fort de l'ivresse il ne sente pas les atteintes du feu, soit qu'il soit incapable de faire un mouvement pour y échapper. D'autres sont écrasés sous les roues d'une voiture ou foulés aux pieds des chevaux.

Ce ne sont là que des exemples. Il faudrait malheureusement bien longtemps pour énumérer tous les accidents dont les ivrognes peuvent être les victimes. Il y a, dit-on, un dieu pour les ivrognes. Le proverbe n'est pas toujours vrai : ce qui est positif, c'est qu'on ramasse chaque année sur la voie publique des centaines de ces malheureux, dont la mort n'a pas d'autre cause qu'une ivresse poussée à ses dernières limites.

Un grand nombre sont emportés par des maladies qu'ils n'auraient peut-être pas contractées, ou dont ils auraient certainement guéri si leur organisme n'avait pas été délabré et usé d'avance par les excès alcooliques.

Les coups et blessures reçus en état d'ivresse ont un caractère particulièrement dangereux, et sans être en aucune façon capables de produire la mort, en sont assez généralement suivis.

D'autres, en trop grand nombre hélas! terminent leur misérable existence par le suicide. Sur 4,595 suicides constatés par la police de Paris en dix ans, et dont M. Brierre de Boismont a pu étudier les dossiers, 530

doivent être attribués directement aux excès alcooliques, c'est-à-dire que sur 8 malheureux qui ont attenté
à leur vie, il y en a un qui a été entraîné à cette fatale
extrémité par l'ivrognerie. Le chiffre est déjà très-élevé,
mais il est loin de correspondre à la réalité. Les chagrins domestiques, les embarras d'argent, la misère,
l'inconduite, la paresse, etc., contribuent pour une forte
part à augmenter le nombre des suicides. Qui dira si des
habitudes d'intempérance ont, oui ou non, préparé ces
situations désespérées que le suicide est venu dénouer?
Déjà en 1848, M. Labourt démontrait par des chiffres et
des statistiques, que le nombre des suicides est plus
grand dans les départements où l'on consomme le plus
d'eau-de-vie (1). Dans une brochure publiée en 1872,
contenant le résultat de ses recherches sur 79 départements, M. le Dr Lunier a mis le même fait en évidence (2). Dans certains départements il y a eu jusqu'à
37 suicides en 1869 sur 100,000 habitants. L'influence
des excès alcooliques sur l'augmentation du nombre
des suicides a été également constatée dans tous les
pays qui font une grande consommation de liqueurs
spiritueuses.

Il est certain, en tout cas, qu'aucune autre cause
n'atteint une aussi forte proportion. Les uns arrivent
brusquement à l'idée du suicide, au milieu d'une orgie,
sans y avoir pensé auparavant, et se tuent, emportés

(1) Labourt, *Intempérance des classes laborieuses*, p. 36.
(2) L. Lunier, *du Rôle que jouent les boissons alcooliques*, etc.

par une frénésie inconsciente et irrésistible. Ils agissent comme dans un rêve, sous l'empire d'une impulsion automatique. D'autres, sans cesse hantés par les effrayantes visions dont nous avons parlé, mettent fin à leurs jours pour y échapper. « Beaucoup d'ivrognes se tuent par le regret que leur causent l'impossibilité de vaincre leur funeste penchant et les conséquences déplorables qu'il a produites. En se voyant sans emploi, continuellement chassés de leurs places, couverts de dettes criardes, exposés à des reproches quotidiens, battus, battant, punis par les tribunaux, en horreur à leurs familles, n'ayant jamais le sou, le désespoir s'empare d'eux, et ils se tuent (1). » D'autres enfin arrivent au suicide par la folie; beaucoup ont, en même temps que l'idée fixe du suicide, la manie de l'homicide, et sont la terreur de ceux qui les entourent. Plus d'un parmi eux cède à cette dernière manie avant de chercher à mettre fin à ses jours par le suicide, et finit sa triste existence au bagne ou sur l'échafaud.

Tout cela est bien triste, sans doute, et pourtant il semble que ceux qui meurent ainsi au milieu de leur carrière d'ivrogne sont encore les mieux partagés. Quel est donc le sort de ceux dont la constitution est assez robuste, et qui échappent ou survivent à tous les accidents qui menacent la vie de l'ivrogne? Mornes, stupides, souvent gâteux, ils traînent une existence misérable et s'éteignent lentement dans la paralysie et

(1) Brierre de Boismont, du Suicide et de la folie suicide, p. 65.

6.

l'abrutissement, ayant depuis longtemps perdu toute lueur de raison et toute conscience, et n'ayant pour ainsi dire plus rien d'humain.

Nous avons réservé pour le placer ici le dernier résultat de l'expérience de M. Magnan sur de jeunes chiens, expérience dont nous avons parlé à la fin du chapitre précédent. Nous continuons à citer textuellement le compte rendu de la *Revue scientifique* :

« Dernier trait de ressemblance avec ce qui a lieu chez l'homme.—Ces animaux sont tous morts soit accidentellement, soit spontanément à la façon de certains ivrognes : l'un est mort de réfrigération, exposé à une température de — 10° environ, étant déjà très-refroidi par les excès de l'ivresse alcoolique ; — un autre a succombé à une véritable broncho-pneumonie avec la gravité et la forme qu'impriment à cette affection les accidents alcooliques ; — un troisième, l'un des deux hallucinés, s'étant échappé un jour par la porte entr'ouverte, s'est élancé en aboyant du palier du 2° étage sur les dalles du rez-de-chaussée ; un quatrième est mort asphyxié par l'arrêt au fond du gosier de matières alimentaires régurgitées pendant l'ivresse avec une force d'expulsion insuffisante. Enfin le dernier est mort dans le marasme, à la suite de la diète alcoolique (1). »

Que pensez-vous, lecteur, de la mort de ces chiens? L'expérience est-elle concluante? La ressemblance n'est-elle pas frappante jusqu'au bout?

(1) *Revue scientifique*, *loco cit.*

Plus d'un buveur, surtout parmi ceux qui ont le vin
tendre, pensera peut-être qu'il y a une certaine cruauté
à soumettre ces pauvres animaux à un régime contre
nature, à un empoisonnement lent et douloureux. Que
n'ont-ils donc aussi pitié d'eux-mêmes, les malheureux
qui s'administrent journellement le même poison, et
peuvent prévoir pour eux-mêmes la même issue fatale?

Vous me direz peut-être que tout ceci n'est vrai que
des ivrognes dont les excès dépassent toute mesure;
vous me citerez l'exemple d'un vieil irlandais, grand buveur, qui, dit-on, parvint à l'âge de 125 ans ; vous me
direz que vous avez connu bien des hommes intempé-
rants, et qu'aucun d'eux n'a fini si misérablement. Eh!
sans doute, il y a des exceptions; mais quand elles seraient encore cent fois plus nombreuses, serait-il bon
d'en courir la chance? Mettriez-vous la main dans un
sac contenant 9 boules blanches et une noire, à la condition que si vous tiriez la noire, vous seriez mis à mort?
Que signifie alors l'objection, puisque vous n'irez jamais de gaieté de cœur vous mettre dans une telle position que vous auriez une chance sur dix de vous tuer
en tombant, ou de vous noyer en longeant un canal, ou
d'être brûlé vif, ou d'être emporté par la première
épidémie, ou de finir par le suicide ou la paralysie?

Ne vous faites pas d'illusions : la mort de l'homme
intempérant est toujours prématurée, et il n'est pas
d'ivrogne qui, après avoir empoisonné les plus belles
années de sa vie, ne l'ait ensuite considérablement

abrégée. Il n'existe pas en France de statistique indiquant
la cause des décès, et pouvant nous donner une idée
du nombre des victimes emportées annuellement et
prématurément par les excès alcooliques. Un travail
pareil confirmerait d'une manière frappante notre as-
sertion. Un juge des États-Unis estimait il y a quelques
années que dans son pays il meurt annuellement 37,500
ivrognes dans la force de l'âge. On a constaté qu'en
Angleterre la mortalité des aubergistes et autres marchands de spiritueux de 35 à 45 ans est de 19 pour 1000
par an, tandis qu'elle n'est que de 7 à 8 pour les fer-
miers : c'est plus du double; le lecteur ne sera pas
embarrassé pour en trouver la raison (1).

Nous pourrions citer bien d'autres faits du même
genre, mais nous croyons la chose inutile, aucun apolo-
giste de l'intempérance n'ayant prétendu que les excès
peuvent être utiles soit pour entretenir la santé, soit
pour prolonger l'existence.

(1) Communication de M. Bertillon, Voy. *Revue scientifique*, 2e série, 3e année, p. 99ᵏ.

VII.

LA FAMILLE DE L'IVROGNE.

Jusqu'à présent, nous avons accompagné l'ivrogne au cabaret; nous avons assisté à ses orgies ; nous avons suivi la marche de l'alcool dans son organisme; nous avons constaté les effets produits par le poison. Nous avons retrouvé le malheureux à l'hôpital, à la maison d'aliénés, à la morgue; nous avons vu que tous ces maux se succèdent, tiennent ensemble logiquement, solidement, comme les chaînons d'une chaîne d'acier. Hélas ! nous n'avons pas encore tout vu, et nous n'avons pas épuisé les conséquences de ce vice, sans contredit le plus affreux de tous. Nous avons constaté le châtiment individuel qui s'attache comme une lèpre au coupable, et l'envahit jusqu'à la dernière fibre : il nous

reste à étudier les conséquences morales et sociales de
l'ivrognerie.

Entrons maintenant dans la demeure de l'ivrogne et
dans sa famille. Il n'y a pas au monde de famille plus
malheureuse, plus misérable et plus digne de pitié
que la sienne. Que les jeunes filles lisent ce chapitre,
et qu'après l'avoir lu, elles le gardent soigneusement
dans leur mémoire; et si jamais un jeune homme dé-
rangé, peu laborieux et manifestant trop de sympathie
pour le cabaret, vient à demander leur main, qu'elles
le refusent impitoyablement, quand bien même il leur
apporterait une belle fortune ou un nom honorable.
L'ivrognerie est un vice que le mariage ne corrige pas
toujours et qui ne disparaît ni devant les joies, ni devant
les devoirs, ni devant les charges de la famille. Sur
89 malades atteints de la folie des ivrognes et soignés
par le Dr Léveillé, les 8|9 étaient mariés.

L'eau-de-vie détruit les sentiments les plus naturels
et les plus puissants, tue la conscience, étouffe l'affection dans le cœur des époux, le sentiment de la pater-
nité dans le cœur des parents, celui de l'obéissance et
du respect dans le cœur des enfants.

L'ivrogne qui a une famille à nourrir et à élever foule
d'abord aux pieds le premier, le plus élémentaire de
ses devoirs. Lisez cette page de Jules Simon, trop bien
écrite pour que nous essayions de la refaire : « Les habitudes d'ivrognerie sont telles dans plusieurs villes de
fabriques, et elles entraînent une telle misère que l'ouvrier est absolument incapable de songer à l'avenir.

Le jour de paie on lui donne en bloc l'argent de sa semaine. ou de sa quinzaine. Il n'attend pas même le lendemain; si c'est un samedi, il se jette le soir dans les cabarets : il y reste le dimanche, quelquefois le lundi. Bientôt il ne reste plus que les deux tiers ou la moitié de son salaire si péniblement gagné. Il faudra manger, pourtant. *Que deviendra la femme pendant la quinzaine qui va suivre ?* Elle est là, à la porte, toute pâle et gémissante, songeant aux enfants qui ont faim. Vers le soir, on voit stationner devant les cabarets des troupeaux de ces malheureuses qui essaient de saisir leur mari, si elles peuvent l'entraîner, ou qui attendent l'i-vrogne pour le soutenir quand le cabaretier le chassera, ou qu'un invincible besoin de sommeil le ramènera chez lui. A Saint-Quentin, plusieurs de ces détaillants ont été pris pour ces femmes d'une étrange pitié; elles enduraient le froid et la pluie pendant des heures; ils leur ont fait construire une sorte de hangar devant la maison; ils y ont même mis des bancs. La salle où les femmes viennent pleurer fait désormais partie de leur bouge (1). »

Ce tableau est navrant ; il n'est, hélas ! que trop vrai, et il est loin d'être complet. *La malheureuse femme ramène son mari dans la demeure commune;* elle le met au lit comme une masse inerte, avec un senti-ment de dégoût; elle cherche en tremblant dans ses poches le peu d'argent qui a échappé au naufrage : il n'y a pas de quoi acheter le pain de la famille !

(1) *L'Ouvrière.*

Si du moins il y avait toujours du travail! Ouvrier, l'ivrogne se fait successivement renvoyer de toutes les places qu'il occupe; artisan, il voit sa clientèle diminuer chaque jour; industriel ou commerçant, il fait mal ses affaires et arrive à la faillite... et pourtant il boit toujours : il n'y a que sa passion qui ne chôme pas.

Dans quelque brillante situation qu'il se soit trouvé, il court à sa ruine; s'il n'a que ses bras pour vivre, sa famille est forcément dans la misère. La mère n'a que des vêtements en lambeaux; les enfants ont cette apparence chétive, cet aspect famélique que cause une nourriture insuffisante et souvent malsaine. L'hiver ils grelottent sous leurs haillons. C'est sur leur nourriture, sur leurs vêtements, sur leur bien-être, sur leur santé, que le père prélève l'argent qu'il sacrifie à sa honteuse passion; il les condamne à la faim, au froid, à la misère, à l'ignorance, au vice même, car il leur inocule par son exemple le germe de ses propres passions, quand il ne le leur transmet pas avec son sang.

Qui peindra les angoisses d'une pauvre femme dont l'existence est pour toujours enchaînée à celle d'un ivrogne? Qui dira ses jours de dur labeur rongés par les soucis, ses nuits sans sommeil et sans repos? Elle supporterait tout avec courage, la faim, le froid, la misère. Mais les enfants souffrent, et pour eux elle fera tous les sacrifices. Son travail peut seul désormais leur donner du pain. Elle se détache à regret du foyer; elle va partout, frappant à toutes les portes, cherchant quelque occupation. Elle parvient à gagner quelque ar-

gent, et si son mari ne le lui enlève pas brutalement
pour aller le dépenser au cabaret, elle réussit à alléger
un peu la misère commune. Mais au prix de quel sacri-
fice? La maison est abandonnée, l'ordre et la propreté
disparaissent; les vêtements ne sont plus raccommodés,
le linge souvent n'est pas blanchi; le père, rentrant chez
lui et ne trouvant pas le dîner sur la table, s'emporte,
menace et prolonge ses séances au cabaret. C'est en
vain que la pauvre femme emploie tous ses instants d
veille jusqu'à user ses yeux : elle ne peut suffire à tout
Sa chambre était pauvre et nue, mais propre : elle es
devenue un taudis; la pauvreté est peut-être moins
grande, mais la misère est plus hideuse et plus frappante. Alors s'il survient une maladie, — et nous l'avons
vu, la maladie est presque toujours la conséquence des
excès de ce genre — ou un de ces bouleversements politiques, qui arrêtent le commerce et ferment les ate-
liers, ce n'est plus la misère, c'est le dénuement ab-
solu.

Heureux encore sont les enfants, quand la mère, de
désespoir, ne contracte pas elle aussi la même passion.
La souffrance est souvent mauvaise conseillère : on a
vu des familles entières, père, mère, enfants, prendre
leur repas autour d'un bol rempli d'eau-de-vie dans
laquelle nageaient quelques morceaux de pain, et n'a-
voir que cela pour toute nourriture.

Voilà où le mal peut en arriver. Voulez-vous des
conséquences plus lointaines? Vous jugez d'avance ce
qu'elles peuvent être. Écoutez ces quelques lignes de

7

M. Bouchardat : « Il vous est arrivé d'entrer le dimanche dans une salle de médecine d'un hôpital, et de
voir une fille de 18 à 20 ans dans les yeux de laquelle
brillent l'intelligence et le dernier souffle de la vie :
c'est encore une victime de l'alcoolisme : son père est
un ivrogne qui l'a laissé pâtir pendant son enfance,
et de cette cause est née la maladie qui aujourd'hui
la tue (1). »

Que l'ivrogne vienne après cela répéter cette stupide
excuse que j'ai entendue tant de fois : « Je ne fais de
mal qu'à moi-même ! » S'il lui restait une lueur de
conscience, il aurait horreur de lui-même et compren-
drait que celui qui condamne sa propre famille, la chair
de sa chair, à des tourments pareils, est un malfaiteur
plus coupable que bien des criminels que la justice
humaine punit des derniers supplices.

Et combien de pauvres femmes s'estimeraient heu-
reuses si elles n'avaient à souffrir que de la misère !
L'âme de l'ivrogne est un abîme ténébreux où fermen-
tent toutes les mauvaises passions. Il garde sa belle
humeur pour le cabaret, où son gros rire bestial amuse
des compagnons dignes de lui ; là tout le dispose
à la joie ; il est au milieu de l'abondance, et il oublie
que la misère hante sa demeure. Chez lui, c'est autre
chose ; tout prend une voix pour l'accuser et pour
réveiller dans sa conscience des échos endormis. Il n'a
pas de repentir; il a des remords, il souffre et il se

(1) Bouchardat, l'Eau-de-vie et ses dangers, p. 64.

venge de cette souffrance sur tout ce qui l'approche. Il
est d'une humeur chagrine et hargneuse ; maussade,
silencieux et concentré, il roule des yeux farouches, il
s'irrite et s'emporte à la moindre contrariété; sa colère
est violente et brutale ; il brise la vaisselle et les meubles quand il y a encore dans son taudis quelque chose
qui mérite ce nom ; il maltraite sa femme et ses enfants. Lui présent, nul ne bouge, nul ne parle ; les
plus petits ne comprennent pas encore, mais ils savent
par expérience qu'il faut devant le père contenir cette
pétulance du jeune âge que ni le froid, ni la misère,
ni la faim n'ont pu dompter. On ne respire que quand
il est absent, quand il travaille ou quand il boit, ou
quand, étendu sur l'unique grabat de sa demeure, il
cuve son vin et laisse en paix les siens parce que l'i-
vresse le tient enchaîné. Quelles souffrances, à l'heure
où la tempête gronde ! Quelles angoisses et quelles
larmes pendant les tristes moments de repos !

Mais nous ne sommes pas au bout de ce triste chapitre. Nous avons vu que c'est à la fleur de l'âge, entre
30 et 40 ans que les excès alcooliques sont le plus fréquents. C'est aussi la plupart du temps à cet âge qu'on
se marie et qu'on devient père de famille. Eh bien ! il
est aujourd'hui bien démontré que la manie des boissons alcooliques est héréditaire.

Les excès alcooliques ont pour résultat certain une dégénérescence physique et morale qui va insensiblement
jusqu'au marasme, à la paralysie et à la folie, qui poursuit insidieusement et fatalement sa route et aboutit

à la mort. C'est cette dégénérescence qui se retrouve dans la descendance de l'ivrogne. Mais laissons la parole aux médecins. « La mortalité des nouveau-nés des ivrognes, dit M. Bouchardat, dépasse de beaucoup la moyenne. Toutes choses égales, les maladies nerveuses sont beaucoup plus fréquentes chez les descendants des ivrognes que chez les descendants des personnes sobres. Et ces maladies, suite de misère, qui enlèvent tant d'enfants du pauvre, combien ne sont-elles pas plus communes dans un ménage qui en subit si souvent les atteintes par suite de la passion alcoolique contractée par son chef (1) ? »

« Le vice de l'ivrognerie, dit de son côté M. le docteur Motet, atteint profondément les races, produisant comme résultat dans la génération suivante ces petits êtres rachitiques, scrofuleux, au squelette grêle, aux membres amaigris, qui peuplent les fabriques et les hôpitaux d'enfants, qui meurent en proportion énorme d'affections tuberculeuses, ou bien s'ils vivent, peuvent être rangés dans les trois catégories suivantes :

» 1° Enfants normalement développés, mais à système nerveux d'une sensibilité exagérée ; intelligence précoce, mais s'arrêtant souvent dans son développement ultérieur.

» 2° Tendances mauvaises, aberration des sentiments affectifs, paresse, vagabondage ; individus parmi lesquels se recrute la population la plus habituelle des maisons de détention.

(1) Bouchardat, ouvrage cité, p. 62.

» 3° Etres complétement dégénérés, épileptiques, imbéciles ou idiots.

»..... En France seulement, il y a plus de 100,000 individus exposés à engendrer des fous, des épilepti-ques, des imbéciles ou des idiots, parce qu'ils peuvent sur le premier comptoir de marchand de vin, au coin de la première rue, boire jusqu'à l'abrutissement un poison dont l'effet se produira tôt ou tard d'une ma-nière fatale (1). »

Voilà le fait, dans toute son effrayante réalité. Exa-minons-le d'un peu plus près en prenant pour guide le beau livre du docteur Morel sur les *dégénérescences physiques et morales de l'espèce humaine.*

Voici, d'après ce savant, les principaux types de l'al-coolisme héréditaire. Parmi les descendants des al-coolisés, les uns apportent en naissant des facultés in-tellectuelles très-bornées et les tendances alcooliques de leurs parents, sans qu'on puisse retrouver en eux les caractères d'une dégénérescence physique très-prononcée. S'ils sont abandonnés à eux-mêmes, ils suivront presque fatalement la pente sur laquelle ils sont placés dès leur naissance, et tomberont dans une dégradation progressive qui aboutira à la paralysie et à la folie.

D'autres ne se développent intellectuellement que jusqu'à un certain âge ; alors survient pour eux un

(1) Motet, *Considération générale sur l'alcoolisme,* etc., thèse, 1859, page 13.

arrêt de développement à partir duquel commence une
période de décadence qui aboutit à l'idiotisme. Il n'est
pas nécessaire qu'ils se livrent eux-mêmes aux excès
alcooliques pour en arriver là. Le germe de leur dégénérescence était dans leur organisme avant leur
naissance, et il suffit d'une crise quelconque, celle de
la puberté par exemple, ou d'une maladie intercurrente
pour le développer rapidement. D'autres enfin viennent
au monde imbéciles ou idiots, et traînent une vie misérable, également faibles de corps et d'esprit.

Cette dégénérescence menace toujours la descendance
de l'ivrogne, et l'hérédité lui imprime comme à toutes
les maladies qu'elle transmet, un caractère d'incura-
bilité. Mais elle est surtout certaine, et en quelque
sorte fatale, si, comme cela arrive assez souvent, le père
et la mère se sont simultanément livrés aux excès alcooliques.

Dans les derniers cas que nous venons de citer, la
race de l'ivrogne s'éteint presque toujours dès la 2ᵉ
génération. Dans le premier sa descendance peut franchir quelques degrés de plus. La 3ᵉ génération hérite
d'une dégénérescence accrue par la seconde, s'étendant
sur l'organisme tout entier, et que la sobriété est
impuissante à modifier. Les malheureux qui sont victimes des vices de leurs ascendants sont tristes, moroses,
possédés par des idées fixes de persécution et des tendances homicides plus ou moins prononcées. S'ils se
marient et ont des enfants, ceux-ci sont dès leur naissance au dernier degré de la dégradation physique et

morale, et avec eux s'éteint une race qui n'est plus digne
de se propager. Mais il est rare que ce triste cercle soit
parcouru tout entier, et la mort devient ici, comme partout ailleurs, le correctif de la liberté, le grand réparateur, et fait disparaître rapidement de la surface de
la terre des races désormais incapables d'aucun développement, et ne pouvant qu'entraver la marche de
l'humanité.

N'y a-t-il que les ivrognes exceptionnellement intem-
pérants qui soient menacés d'un pareil châtiment? Qu'on
y réfléchisse bien; il n'est pas nécessaire de se laisser aller aux grands excès pour être frappé dans sa descendance. L'usage même modéré de l'alcool dans la génération présente peut empoisonner la génération suivante, et
la passion, contenue chez le père, peut se développer
sans frein chez les enfants. N'oublions pas d'un autre
côté, que, comme le dit le D' Lunier, « les excès de
boissons n'agissent pas seulement en déterminant des
accès de delirium tremens ou de folie alcoolique, mais
aussi en plaçant les parents, au moment de la concep-
tion, dans des conditions toutes particulières qui ont
une influence fâcheuse sur la santé physique des enfants et sur leur développement intellectuel et moral (1). »

Jeunes gens qui vous laissez aller quelquefois si légèrement à l'intempérance et aux excès, retenez bien
ceci : n'oubliez pas qu'une logique inflexible préside

(1) Ouvrage cité, p. 40.

aux destinées humaines et fait trouver à chacun de nous dans les conséquences de ses propres actions la récompense ou le châtiment qu'il a mérité. Songez à vos futurs enfants, et si vous voulez voir un jour leurs figures roses et fraîches s'épanouir joyeusement sous la protection de votre amour, si vous voulez que leur intelligence se développe et grandisse au contact de la vôtre, si vous voulez qu'ils soient un jour des hommes et qu'ils portent honorablement le nom que vous leur laisserez, soyez dès aujourd'hui modérés et tempérants, et abstenez-vous de ces excès honteux dont le retentissement pourrait les atteindre et les frapper irrémédiablement avant leur naissance, dans leur santé, dans leur intelligence et dans leur bonheur. Ne condamnez pas d'avance à l'abrutissement, à la folie et à la mort la génération à laquelle vous transmettrez le flambeau de la vie.

VIII

L'INTEMPÉRANCE ET LE PAUPÉRISME.

Faisons d'abord quelques calculs bien simples.

Il se consomme annuellement en France, avons-nous dit, environ 2 millions d'hectolitres d'eau-de-vie. La valeur de l'hectolitre d'eau-de-vie, au plus bas prix où le consommateur là paie, est de 200 francs. C'est donc une somme d'environ 400 millions de francs que nous payons annuellement pour nous empoisonner et dégrader la race physiquement et moralement. Je néglige les excès de vin et d'autres boissons analogues pour ne m'en tenir qu'à l'eau-de-vie.

Or ce n'est encore là qu'une faible partie des pertes occasionnées par l'abus des liqueurs fortes.

Les jours d'orgie sont des jours perdus pour le travail, et les jours qui suivent sont peu productifs. On peut dire qu'en général l'ouvrier perd autant par suite du chômage qu'il dépense pour sa consommation au cabaret. Ajoutons pour ce chef 400 millions

En estimant à ce chiffre la valeur des journées perdues
pour le travail et remplies par les excès, nous ferons
un calcul qui sera encore au-dessous de la réalité.
N'oublions pas que l'ivrognerie est un gouffre qui en-
gloutit des fortunes entières et qui ne rejette ses
victimes que quand elles sont rongées jusqu'à la moelle.
Nous voici donc arrivés au chiffre respectable de 800
millions.

Mais ce n'est pas tout encore. Le travail de l'homme
alcoolisé est loin d'être aussi productif que celui de
l'homme tempérant. Nous avons vu que les forces diminuent par suite de l'empoisonnement lui-même, de
l'insuffisance de la nourriture, que le tremblement des
extrémités est un phénomène général qui se présente
longtemps avant que les excès aient produit toutes
leurs conséquences. On comprendra facilement que le
travail d'un homme affaibli, dont les mouvements sont
incertains et hésitants ne peut être ni aussi rapidement exécuté, ni aussi bien fait que celui de l'homme
qui jouit de sa santé et possède toute sa force et toute
son adresse. C'est encore pis si l'ivrogne, au lieu de
travailler de ses mains, suit une carrière libérale.
Longtemps avant que la maladie ait revêtu un caractère exceptionnellement grave, toutes les facultés in-
tellectuelles s'affaiblissent et le malade devient incapable d'associer trois idées et de fixer son esprit à
quoi que ce soit. Comment un chef d'industrie, de
maison de commerce peut-il éviter la ruine dans des
conditions pareilles? Comment un médecin, un avocat,

un notaire peuvent-ils, dans ce cas, remplir leurs déli-
cates fonctions, et conserver la confiance de leurs clients?
Encore une perte considérable qu'il faut attribuer à
l'alcool. N'oublions pas, en tout ceci, que les passions
alcooliques s'emparent de l'homme dans la force de
l'âge, au moment où il devrait être au plus haut point
de l'activité et de la production.

Voici un dernier élément de perte qu'il ne faut pas
négliger. L'ivrogne meurt dans la force de l'âge et
s'éteint généralement entre 40 et 50 ans. Il aurait pu,
même mourant à cet âge, donner à la société 20 années de production active, et laisser après lui une
famille qui, à son tour, eût travaillé à la prospérité et
au progrès du pays. Mais l'a-t-il fait? Sa production a
été à peu près nulle, et nous avons vu le fond qu'on
peut faire sur la descendance de l'ivrogne. Or, il en
coûte, d'après des calculs très-modérés, 10,000 francs
pour élever un homme jusqu'à l'âge de 30 ans, épo-
que moyenne où il peut non-seulement se suffire à lui-
même, mais accroître la richesse commune. Il est donc
de la plus grande importance pour la société que
l'homme, qui est, au point de vue de la production,
la machine la plus parfaite, mais la plus coûteuse,
vive le plus longtemps possible et conserve le plus
longtemps possible l'intégrité de ses forces. Toute
mort prématurée est une perte sèche pour la société,
car elle doit remplacer à grands frais le producteur
qui vient de s'éteindre dans la force de l'âge, ou
avant d'avoir pu payer la dette contractée par son édu-

cation. Or, pour l'ivrogne, au point de vue de la richesse commune, le résultat est le même que s'il
mourait le jour où il met la première fois le pied dans
un cabaret; il vaudrait même mieux qu'il en fût ainsi,
car il risque de laisser après lui trois générations d'i-
diots, d'imbéciles et d'impuissants, dont la production
sera nulle et qui épuiseront le fonds commun sans
y rien apporter.

Voilà donc par le fait de l'ivrognerie bien des forces
anéanties. En quelle proportion? C'est ce qu'il serait
difficile de dire. Une statistique exacte des ivrognes,
des mendiants, vagabonds, idiots et fous par suite de l'i-
vrognerie, serait très-instructive et permettrait de
calculer un peu sûrement la perte qui résulte pour la
société de l'existence de ces êtres inutiles et malfaisants.
Ils sont nombreux, si l'on en juge par ceux qui dans les
campagnes battent la grande route, s'introduisent dans
les maisons pour faire appel à la charité des bonnes
âmes, et ont recours à tous les stratagèmes pour en
faire leurs dupes. On a pu constater qu'il y a en France
un million de gens déclassés, sans profession et sans
aveu, par conséquent mendiants et vagabonds : mais
on ne peut guère faire une statistique des ivrognes
dont beaucoup ne sont pas encore dans ce cas.

Voici un calcul fait avant 1827 par un juge des
États-Unis et qui pourra nous servir de guide. Ce ma-
gistrat estime d'abord le prix de l'eau-de-vie consom-
mée, — ce que nous avons déjà fait pour notre part, —
puis il ajoute :

« Il meurt annuellement 37,500 ivrognes dont la vie est abrégée par l'intempérance de 18 années, terme moyen ; la perte qui en résulte pour l'Etat, en évaluant le prix de leur travail, s'ils eussent été sobres, à 50 dollars par an au-delà de leurs frais de nourriture, se monte à 13,150,000 dollars.

» Les frais de justice criminelle se montent environ à 7 ou 8 millions de dollars par an ; or comme il est constaté que l'eau-de-vie produit les 3[4 des criminels, il faut mettre environ 6 millions de dollars à la charge de l'intempérance.

» Il est avéré que la proportion des pauvres provenant de l'usage des boissons spiritueuses, est la même que celle des crimes. Les 3[4 de la somme que leur entretien coûte à l'Etat, 2,850,000 dollars, doivent donc être encore portés sur le compte de l'intempérance.

» Le montant des charitésparticulières faites annuellement aux pauvres qui le sont devenus par la même cause, peut être estimé à la même somme ;

» Il y a environ 12,000 criminels enfermés dans les prisons des Etat-Unis. Les 3[4 de leur travail habituel produiraient un bénéfice de 45^,000 dollars. »

En additionnant ces différentes sommes, nous arrivons à un total de plus de 25 millions de dollars, c'est-à-dire de plus de 130 millions de francs.

Les Etat-Unis avaient alors 12 millions d'habitants. Je trouve ces calculs très-modérés, et j'estime que pour notre population et en raison de l'énorme consommation d'alcool à laquelle nous sommes arrivés,

la perte, même en négligeant les frais de justice et le
montant des charités privées, peut s'élever à 200 millions, ce qui, joint aux 800 millions indiqués plus haut,
forme un total d'*un milliard*. Tel est le tribut annuel
que nous payons à l'ivrognerie. Avec cela nous aurions
pu payer en 5 ans notre rançon aux Allemands.

Voilà le premier fait que je voulais mettre en lumière.

Si maintenant nous jetons un coup d'œil sur les
classes ouvrières accumulées dans les grands centres
industriels ou disséminées dans des villes moins importantes et jusque dans les campagnes, nous consta-
tons bien vite un autre fait bien lamentable : je veux
parler du paupérisme.

Qu'est-ce que le paupérisme?

La fin du siècle dernier est une date considérable
dans l'histoire des classes ouvrières en France, et
marque un changement radical dans leurs conditions
d'existence. Jusque-là, en effet, par suite du régime
des corporations, le travail n'était point libre; une
certaine dépendance existait entre l'ouvrier et le patron, et, d'un autre côté, le maître était dans l'obliga-
tion de donner, en cas de besoin, aide et protection à
l'ouvrier.

A partir de la Révolution, ces liens n'existent plus.
Le travail est affranchi de toutes les entraves qui s'op-
posaient à son développement, mais en revanche le
devoir de protection n'a plus pour le patron qu'un
caractère facultatif. L'ouvrier a conquis sa liberté

avec toutes ses conséquences, à ses risques et périls.

Vers le même temps, l'introduction des premières machines venait bouleverser totalement les conditions de l'industrie. Les grandes manufactures ne tardaient pas à se fonder et les ouvriers affluaient en grand nombre dans les centres industriels.

C'est dans ces grandes agglomérations d'ouvriers, plongés souvent dans une grande ignorance, privés de conseils et de direction, sans prévoyance et sans souci de l'avenir, que sévit le redoutable fléau. Le paupérisme, c'est la pauvreté et la misère réduites à l'état chronique, persistant dans les bas-fonds de la société, même aux époques de travail et de prospérité, s'aggravant dans le temps de crise, mais ne disparaissant jamais, quelque effort que l'on fasse, et s'entretenant la plupart du temps par les moyens mêmes employés à les combattre.

Il est inutile, je pense, de décrire ici en détail cette plaie hideuse de nos sociétés modernes, et d'énumérer toutes les souffrances qui en sont la conséquence : logements humides et malsains où sont entassées de nombreuses familles sans feu, sans pain, sans vêtements ; promiscuité dangereuse, démoralisation, haine pour les classes aisées, passions antisociales fermentant dans ce milieu misérable sans cesse environné de la chaude atmosphère de la richesse, voilà ce qui frapperait nos yeux attristés.

Voilà donc d'un côté, une somme énorme, un milliard, jetée annuellement dans le gouffre de l'intempérance, et de l'autre une misère affreuse qui pèse sur toute une classe de nos concitoyens. Il n'est pas possible que ces deux faits ne se rapprochent pas dans notre esprit, et que notre première pensée ne soit celle-ci : avec ce milliard, on pourrait faire disparaître cette misère, ou du moins la soulager.

Nous ne pouvons pas nous en tenir à cette première réflexion, et nous sommes forcément entraînés à considérer l'un de ces faits comme la cause de l'autre. Qui paie, en effet, cet impôt écrasant d'un milliard? Une partie de cette somme était déjà acquise, réalisée ; elle n'avait qu'à passer de la main de ses possesseurs à la caisse d'épargne pour devenir un capital puissant. Qui dépense cette somme au cabaret? Ce ne sont certainement ni les gros capitalistes, ni les industriels, ni les grands commerçants, ni ceux qui ont des biens au soleil, et pour lesquels un impôt pareil serait déjà une lourde charge.

Ce sont des ouvriers, des artisans, des cultivateurs, et en général des gens qui n'ont que leurs bras pour vivre, et cet impôt est prélevé non sur leur superflu, mais sur leur nécessaire. En un mot, ceux qui souffrent du paupérisme sont les mêmes qui dépensent 400 millions en consommations de cabaret

L'autre partie de la somme est perdue par suite du chômage, de l'affaiblissement de la force productrice et des autres causes que nous avons énumérées. Ce n'est pas de l'argent gagné, comme le premier; c'est de l'argent qui aurait pu être gagné. Or d'où vient le

chômage, sinon de ceux qui passent le lundi ou une
partie de la semaine au cabaret? Chez qui surviennent
l'affaiblissement, la maladie, la folie, la mort prématurée, sinon chez ceux qui se livrent aux excès? Ceux
donc qui dépensent 400 millions au cabaret sont les
mêmes qui fêtent Saint-Lundi, qui négligent leur travail,
qui deviennent incapables de l'accomplir : le paupérisme est donc la conséquence directe de l'intempérance et de l'ivrognerie.

Qu'on ne se méprenne pas sur ma pensée : je ne fais
pas un réquisitoire, je constate un fait, et je ne le mets
en pleine lumière que pour en bien faire connaître la
portée.

Je sais que l'intempérance est dans toutes les
classes; mais il est certain que 9 fois sur 40, c'est dans
la classe ouvrière qu'elle fait ses victimes. Je n'entends
pas dire d'un autre côté que l'intempérance soit la seule
cause du paupérisme; beaucoup d'autres causes, en effet, contribuent à produire et à entretenir cette lèpre
sociale, entre autres la fréquence des crises politiques
et commerciales, l'imprévoyance sous toutes ses for-
mes, l'aversion pour le travail, le désordre, le goût de
l'indépendance, la passion du vagabondage, l'amour
du luxe, les secours mal entendus ; je suis loin de mé-
connaître l'influence puissante de toutes ces causes dont
l'énumération est loin d'être complète et qui se com-
pliquent à l'infini ; mais je n'étonnerai personne en
disant que partout où règne l'intempérance, la misère
la suit comme l'ombre suit le corps, et que le jour où

8.

l'ivrognerie aura disparu, le paupérisme sera plus d'à
moitié vaincu.

Cela est tellement vrai qu'on peut dire sans craindre
de se tromper, que les départements qui souffrent le
plus du paupérisme sont ceux où il y a le plus d'agglomérations ouvrières et où la consommation des
liqueurs fortes est la plus grande. Ces départements
sont en même temps les plus fertiles, les plus indus-
trieux, les plus riches, ce qui prouve bien que le paupérisme ne dépend pas de la pauvreté générale du
pays, mais est un fruit de l'imprévoyance et de l'intempérance de ceux qui en sont les victimes. Dans
chaque département, le nombre des pauvres est suffisamment expliqué par le chiffre des droits perçus sur
l'alcool. Voici à ce sujet quelques exemples tirés d'une
statistique faite il y a 10 ans.

Départements.	Habitants.	Indigents en 1847.	Droits perçus sur l'alcool en 1852.
Oise.	385.124	31.256	903.784
Rhône.	410,575	31,504	1,669,189
Pas-de-Calais.	642,699	80.000	1,058,012
Nord.	962,648	163,445	1,332,174
Totaux.	2,407,026	297,205	4,965,109

Voilà donc une population de 2 millions et demi
d'habitants, qui, il y a 40 ans, comptait près de
300,000 indigents inscrits sur les rôles des bureaux de
bienfaisance, c'est-à-dire plus d'un sur dix, et qui
payait au trésor près de 5 millions de droits sur les
boissons!

Si nous évaluons ce droit au tiers de la valeur des boissons consommées, nous arriverons à la somme de près de 15 millions, ce qui, sans tenir compte de l'argent perdu par suite de chômage, représente une somme de 50 fr. par tête d'indigent, somme qui, bien employée, eût été suffisante pour arracher presque tous ces pauvres à la misère. Si nous réfléchissons maintenant que, pour toute la France, la consommation de l'alcool en 1832 n'allait guère au-delà de 350,000 hectolitres, et qu'elle s'élève aujourd'hui à un million, nous aurons une idée des progrès que le mal a dû faire, et nous comprendrons encore mieux que le paupérisme et les excès alcooliques sont étroitement liés.

Quittons pour un instant ces vues générales. Supposons un ouvrier qui gagne 4 fr. par jour, soit 1,200 fr. par an, en comptant 300 jours de travail. Si cet ouvrier est sobre, laborieux et prévoyant, il mettra 200 fr. par an de côté, et, en capitalisant les intérêts, il aura au bout de 10 ans un capital de plus de 2,600 fr., soit une rente de 130 fr. à ajouter à ses dépenses, si ses besoins se sont accrus, ou à capitaliser, s'il peut encore se contenter de 1,000 fr. par an. Il sera dans l'aisance et son bien-être croîtra chaque année. Si, au contraire, il fréquente le cabaret, il est bien difficile qu'il n'y dépense pas ces 200 fr. dans son année, car cette somme ne représente pas 4 fr. par semaine, c'est-à-dire pas 0 fr. 60 cent. par jour. Il ne faut pas beaucoup de petits verres pour atteindre cette somme. Eh bien! dans ce cas, il y a dix à parier contre un qu'au bout de dix ans sa dépense au cabaret aura doublé, que son gain aura diminué du quart ou du tiers, et qu'il sera tombé avec les siens dans une misère que chaque année rendra plus affreuse. Ceci n'a pas besoin de plus ample démonstration.

Qui souffre du paupérisme ? D'abord ceux qui en sont directement les victimes et pour lesquels la vie est un véritable enfer. Mais s'ils en souffrent davantage, il ne faut pas s'imaginer qu'ils soient seuls à en souffrir. Une lèpre pareille ne peut exister sans que le corps social tout entier en ressente le contre-coup.

Le paupérisme est le résultat d'une dilapidation de richesse et d'une diminution de production, c'est-à-dire d'un amoindrissement de la richesse totale qui est à la portée de chacun de nous. Si dans une famille de dix membres, il y a quatre hommes valides et qu'un de ces quatre ne gagne rien, le bien-être de chacun des autres est diminué. Il en est ainsi de la grande famille humaine. L'ouvrier sobre et laborieux souffre du paupérisme chaque jour de sa vie, parce que la diminution de la richesse commune produit le renchérissement de toutes choses : plus le salaire de l'ouvrier est faible, plus il est la victime de la paresse et de l'intempérance des autres.

L'industriel, le commerçant, l'État, tous y perdent et tous devraient se liguer contre une cause permanente de misère, de ruine et de dangers.

Je me trompe : cette perte énorme profite pourtant à quelques-uns; les cabaretiers et autres débitants de

liqueurs fortes, qui se sont singulièrement multipliés (1), font fortune aux dépens de la santé, de la fortune, de la vie de leurs clients. On l'a dit : les murs
des cabarets sont faits des larmes des mères et de la
faim des enfants. Mais c'est là une industrie trop peu
intéressante pour qu'on se lamente beaucoup de voir
diminuer leurs bénéfices. Il y aura double gain le jour
où, au lieu de travailler à la ruine de leur pays, ils
travailleront à sa prospérité en transformant leur taverne en atelier.

Quant aux producteurs d'alcool, ils ne perdraient rien
à utiliser leurs capitaux dans une autre branche d'industrie. L'Etat, qui tire un assez joli revenu de l'intempérance, regagnerait largement d'un autre côté
ce que la diminution de l'impôt sur l'alcool lui ferait
perdre.

Et quand même des sacrifices seraient nécessaires, il
faudrait savoir les supporter. N'oublions pas que si
l'intempérance produit la misère, celle-ci à son tour
produit l'ignorance, l'imprévoyance, la démoralisation, et prépare de nouvelles victimes à l'alcoolisme.
C'est ainsi que se forme le cercle fatal et que les maux
es plus affreux s'engendrent et se perpétuent sans relâche mutuellement.

(1) Il y en a aujourd'hui en France environ 370,000 !

IX.

L'INTEMPÉRANCE ET LA CRIMINALITÉ.

L'intempérance ruine la santé, détruit l'intelligence et réduit ses victimes à la plus affreuse misère. Elle va plus loin encore : une des conséquences les plus redoutables de l'alcoolisme est la perversion des sentiments moraux.

Les dernières périodes de l'alcoolisme chronique renferment à cet égard, pour ceux qui ont des yeux pour voir, un enseignement effrayant. Devenu maniaque ou idiot, l'ivrogne n'a plus alors que des impulsions aveugles et irrésistibles, des mouvements automatiques et inconscients, et n'est plus responsable de ses actions, parce qu'il n'y a plus en lui ombre de liberté. Si la paralysie ne le cloue pas impuissant sur un fauteuil, il est toujours dangereux : un rien suffit pour provoquer en lui des accès de fureur qui éclatent soudainement, et dont nulle prévision humaine ne peut pêcher les effets désastreux. Le calme apparent n'est

pas moins redoutable, et ces êtres dégradés, comme
poussés par une puissance infernale, conçoivent, pré-
parent et exécutent les plus horribles projets, comme
s'ils accomplissaient la chose du monde la plus simple
et la plus naturelle.

L'être moral n'est pas seulement perverti : il est détruit. C'est là le dernier degré de l'abrutissement. Mais
il ne faut pas croire que cet état ne se rencontre que
dans l'alcoolisme chronique. La simple ivresse peut
mettre pour quelques heures l'homme intempérant
dans une situation absolument semblable : il n'y a
qu'une différence de durée. L'ivresse n'est en effet
qu'un accès aigu et passager de la même affection.
L'homme en état d'ivresse est poussé par les mêmes
impulsions irrésistibles, et peut commettre les crimes
les plus affreux.

Je ne parle que pour mémoire des lamentables ca-
tastrophes qu'il peut causer par le fait même que l'i-
vresse l'a rendu incapable de remplir ses devoirs. Un
capitaine de vaisseau, un pilote, un chef de gare, un
aiguilleur, un cocher, un officier, une sentinelle avancée en temps de guerre, peuvent, par leur intempérance, amener la mort de nombreuses victimes.

Si l'ivrogne, sous le coup de l'excitation alcoolique,
vient à se laisser emporter par la fureur, s'il est hanté
par des hallucinations qui l'exaspèrent, si un accès de
délire s'empare de lui, — et il est exposé à tout cela,
— il peut frapper et tuer ceux qui l'approchent de plus
près, s'échapper, s'élancer dans la rue sur le premier

passant venu et causer les plus grands malheurs. On a vu souvent, dans les villes de garnison, des militaires ivres dégaîner dans la rue et ferrailler contre les passants. L'ivrogne, heureusement, n'a pas toujours une arme à sa portée : mais l'instinct de la destruction le possède, et tout devient arme entre ses mains.

Mettons les choses au mieux, dans la crainte de nous laisser aller à l'exagération. Supposons que l'homme ivre ait encore conservé un certain empire sur lui-même, ou que grâce à un tempérament solide, il ne soit pas emporté par un de ces accès. Est-il davantage à l'abri de ce que j'appellerai les surprises de l'ivresse?

L'ivrogne est tapageur, peu endurant, susceptible, violent, brutal ; un rien l'irrite et sa colère est aveugle. La bataille est son élément. « Si l'ouvrier n'est que ruiné et malade au sortir du cabaret, dit Jules Simon, s'il n'a pas reçu ou donné un mauvais coup, la famille doit s'en féliciter. Un ivrogne qui entre dans un cabaret, n'est pas sûr de ne pas entrer le lendemain en prison (1). » Un journal judiciaire, *le Droit*, disait, il y a bien des années, que sur dix drames qui se dénouent en police correctionnelle, neuf ont leurs premières scènes au cabaret.

On se bat au sortir du cabaret, sans rime ni raison, pour le plaisir de se battre. C'est un fait bien connu. Ce qu'on sait moins, c'est que c'est dans ces rixes entre ivrognes que se font ces hideuses blessures, ces af-

(1) *Le Travail.*

9

freuses mutilations, ces morsures profondes qu'on serait presque tenté d'attribuer à la dent d'une bête
fauve, qui arrachent le nez ou les oreilles, emportent
une partie du visage. Inconscients l'un et l'autre, l'un
des coups qu'il donne, l'autre de ceux qu'il reçoit, ils
ne s'apercevront qu'au réveil de la lutte sauvage qu'ils
ont soutenue. Il est à peine nécessaire d'ajouter que
ces rixes affreuses se terminent souvent par la mort
d'un ou de plusieurs des combattants.

La bataille a quelquefois un semblant de motif.
L'ivrogne croit que tout le monde lui en veut; il voit
partout des ennemis et son cœur est rempli de haines
que rien ne justifie. Un voisin lui a fait quelques observations assez vives : le lendemain, étant ivre, il rencontre ce voisin dont le tort est de ne pas approuver
ses excès; sa colère s'allume, il se jette comme un
sauvage sur lui, le frappe violemment, le blesse ou le
tue. Ou bien il se monte la tête en buvant, rumine des
projets sanguinaires, va trouver celui qu'il appelle son
ennemi chez lui, ou le guette dans quelque recoin pour
le tuer.

L'alcool agit puissamment sur les instincts sexuels,
du moins dans la première période de l'alcoolisme.
Tous les médecins aliénistes ont observé le cynisme
des propos, des attitudes et des actes de beaucoup de
leurs malades alcoolisés, et les échos des cours d'assises
pourraient nous dire que de victimes a faites la passion
déchaînée par l'ivresse.

L'homme ivre, en un mot, est exposé à commettre

tous les crimes et tous les attentats ; que la tentation
et l'occasion se présentent, il sera violent, voleur de
grand chemin, meurtrier, incendiaire. Les projets les
plus ténébreux germent spontanément dans son cerveau, et il n'y a en lui aucun frein qui puisse le retenir
sur la pente du crime.

Sans doute, la justice humaine, en pesant la responsabilité, fait la part de ce qu'il y a d'irrésistible dans
la folie et dans l'ivresse ; mais y a-t-il vraiment là une
circonstance atténuante, et n'y a-t-il pas une terrible
responsabilité pour celui qui s'est mis volontairement
dans un état pareil, et que ses excès ont amené à ce
degré d'abrutissement et de dégradation ?

L'homme intempérant n'est pas toujours ivre ; il y a
entre ses accès des intervalles de sobriété et de lucidité
relatives, pendant lesquels il a pleinement conscience
de ses actions. C'est ici surtout que nous pouvons toucher du doigt la profonde démoralisation dont il est
atteint, car sa véritable nature se montre alors et n'est
plus offusquée par les fumées de l'ivresse.

Cette démoralisation n'a rien qui doive nous sur-
prendre. Qu'est-ce en effet que l'intempérance ? C'est
l'abandon du gouvernement de soi-même, c'est l'abdi-
cation complète de cet empire intérieur que l'homme
doit exercer sur ses propres passions. L'ivrogne aban-
donne le gouvernail et se laisse aller à la dérive sans
s'inquiéter des courants qui peuvent l'entraîner. C'est
l'homme moins l'intelligence et la conscience, c'est-à-
dire c'est la pire des brutes. Je ne fais point ici de dis-

tinctions : l'intempérance passe le niveau sur les iné-
galités humaines : tous sont égaux devant elle : l'éducation, la position sociale n'y changent rien.

Nous avons vu ce qu'est la famille pour l'homme
intempérant : elle n'existe plus. Son cœur est inacces-
sible aux sentiments les plus naturels. Il n'a pas pour
ses enfants l'affection et les soins que l'animal a pour
ses petits. Pour satisfaire sa passion brutale, il fait
souffrir tout son entourage et impose sans scrupules
les privations les plus dures à tous les siens. Une fois
ces sentiments éteints dans le cœur de l'homme, qu'y
reste-t-il sur quoi une idée morale puisse s'appuyer ?

L'ivrogne à jeun est dominé par la souffrance du
désir inassouvi. Il n'est plus sous le coup de l'alcool
qu'il a bu la veille ; mais il subit l'effet de l'ébranlement produit par tous ses excès antérieurs. Il a des
instincts bas, cruels et méchants. Il est toujours irri-
table ; il brise tout ce qui lui tombe sous la main ; il
frappe, dans sa colère, sans calculer la force de ses
coups, et souvent quand il ne croit que plaisanter,
il tue.

La manie du vol est fréquente chez lui ; elle est
quelquefois sans but : voici un homme qui a reçu une
bonne éducation, et qui occupait une position sociale
élevée ; malheureusement il s'est laissé entraîner aux
excès alcooliques ; il entre dans un magasin ou va
rendre visite à un ami, et il ne peut résister à la tentation de dérober quelque objet qu'il glisse dans sa
poche. Il rentre chez lui où sa manie est bien connue ;

on visi ses poches et on renvoie les objets volés à leurs propriétaires, quand on peut les retrouver. Bien souvent aussi, cette manie est aiguillonnée par le besoin : nous l'avons vu, l'intempérance amène bien vite la misère, et la misère est mauvaise conseillère : à bout de ressources, n'ayant plus rien pour satisfaire sa fatale passion, l'ivrogne est capable de tout : il vole et au besoin il assassine.

Il y a en France, avons-nous dit, environ un million de gens sans profession et sans aveu, vagabonds, mendiants et déclassés. De quoi se compose cette classe improductive et dangereuse? De gens ruinés par l'intempérance et qui peu à peu ont descendu les degrés de l'échelle sociale ; d'ouvriers sans emploi, que personne ne se soucie d'occuper à cause de leur ivrognerie invétérée ; de paresseux que le cabaret a dégoûtés du travail et qui préfèrent le pain de l'aumône à celui qu'ils pourraient gagner à la sueur de leur front. Où, d'un autre côté, se recrutent les clients des tribunaux de police correctionnelle et des cours d'assises, sinon dans cette même population besoigneuse, misérable et vagabonde?

Le fait est général, et la criminalité va toujours de pair avec l'alcoolisme. La Suède est un pays où les excès alcooliques ont été effrayants : une population de 3 millions d'individus y consommait annuellement près de 200 millions de litres d'eau-de-vie. Il y eut dans ce pays en 4830 une accusation sur 445 habitants et une condamnation sur 443; en 4545, la consomma-

9.

tion de l'alcool étant plus forte, la proportion est
augmentée : il y a une accusation sur 81 et une condamnation sur 100 (1).

En Écosse, où, sur une population qui n'excède
guère 2 millions, la consommation de l'eau-de-vie
dépasse 200,000 hectolitres, près de 95,000 individus
ont été en 1862 traduits en justice pour délits commis
en état d'ivresse (2).

Dans les États-Unis, on estime que les 3/4 des délits
et des crimes doivent être attribués aux boissons alcooliques.

En Angleterre, les 3/4 des criminels sont des victimes de l'eau-de-vie.

En Allemagne, en Russie, partout où l'on boit de
l'eau-de-vie avec excès, les alcoolisés remplissent les
bagnes et les prisons.

Il y a plus : nous retrouvons ici la loi d'hérédité que
nous avons déjà constatée pour d'autres conséquences
de l'alcoolisme. D'après M. Labourt, sur 690 enfants
emprisonnés pour crime dans la ville de New-York, il
s'en est trouvé plus de 400 appartenant à des familles
intempérantes ; de sorte que les enfants appartenant à
des parents ivrognes sont dix fois plus exposés que
d'autres au crime, à la prison, à l'échafaud (3).

Il n'est pas nécessaire, du reste, de s'appuyer sur
des statistiques, ni de présenter des chiffres précis pour

(1) Morel, *Traité des dégénérescences.*
(2) Jolly, *L'Alcool.*
(3) Labourt, *Intempérance des classes laborieuses*, p. 17.

faire toucher du doigt la fatale influence de l'eau-de-vie sur la moralité du buveur. Que de fois les voleurs et les assassins ont trouvé dans l'excitation de l'alcool l'audace nécessaire pour mettre à exécution leurs sinistres desseins? Il est clair pour tout le monde que l'abus de l'eau-de-vie, résultant lui-même d'une démoralisation profonde, ne peut qu'augmenter encore cet état fatal, et jeter l'homme pieds et poings liés au pouvoir des passions les plus basses et les plus ignobles.

X

CONCLUSION.

Telles sont les conséquences des excès alcooliques : ivresse, maladie, ruine, misère, folie, abrutissement stupidité, immoralité, crime, suicide, dégénérescence de la race .., J'en conclus ceci : l'alcool est un poison qui tue l'âme et le corps, et ne laisse subsister dans l'homme que les instincts les plus détestables.

Un homme qui se laisse dominer par la passion des liqueurs fortes est un homme perdu. Il sera mauvais ouvrier ou mauvais patron, mauvais domestique ou mauvais maître, mauvais fils, époux sans cœur, père sans entrailles, mauvais soldat, mauvais citoyen.

Une famille où l'intempérance vient s'asseoir au foyer est une famille perdue. L'ivrognerie y traînera à sa suite les larmes, la discorde, les coups, la misère, le dénuement, la maladie, l'abrutissement et la mort, hideuse invasion d'ennemis serrés l'un contre l'autre et se tenant par la main.

Une société qui est profondément atteinte par le fléau de l'alcoolisme est une société perdue. Il n'y a plus à espérer pour elle ni richesse, ni bien-être, ni puissance, ni instruction, ni moralité, ni vertu, ni ordre, ni progrès.

Voilà ce qu'on devrait savoir dans toutes les classes de la société ; voilà ce qui devrait être enseigné avec insistance, en même temps que les notions d'hygiène les plus indispensables, dans toutes nos écoles primaires; afin qu'en entrant dans la vie, le jeune homme pût se garer du poison.

Le lecteur ne sera pas surpris, si, en présence de ces affreuses conséquences, après le triste tableau qui vient de passer sous ses yeux, tableau dont les couleurs sont malheureusement trop vraies et où l'imagination n'est pour rien, je n'ai à lui donner qu'un seul conseil, qui s'impose avec l'évidence la plus lumineuse et qui tient tout entier dans ces mots : *abstiens-toi*. Ne touche pas au poison, si tu ne veux pas être entraîné ensuite malgré toi.

Il n'y a qu'un remède, et ce remède c'est la tempérance.

Dans la même ville, dans la même rue, dans le même village, dans le même atelier, les uns prospèrent, les autres se ruinent, les uns font des économies, les autres font des dettes, les uns sont forts et vigoureux, les autres faibles et maladifs, les uns sont heureux, les autres malheureux, les uns jouissent de l'estime publique, les autres n'excitent autour d'eux qu'un sentiment de

mépris. Le vulgaire qui ne regarde que la surface, qui
ne voit que les conséquences, attribue tout cela au
hasard : l'un a de la chance, l'autre n'en a pas. L'homme
qui réfléchit et qui a des yeux pour voir, sait qu'il n'y
a pas de hasard ; il va au fond des choses et voici ce
qu'il découvre : l'un est tempérant, l'autre ne l'est pas.
Voilà tout le secret. Chacun construit de ses mains sa
propre fortune.

La tempérance, cette vertu qui, suivant l'heureuse
expression d'un médecin, « coûte peu et rapporte beaucoup », c'est d'abord la santé et la vigueur du corps.
Boire et manger pour vivre, et non vivre pour boire et
manger, donner au corps de quoi refaire largement ses
forces épuisées par le travail, sans excès ni d'un côté
ni de l'autre, c'est le plus sûr moyen de se maintenir
sain, vigoureux et dispos, d'éviter les maladies, de
triompher de celles dont on est accidentellement
atteint, et d'arriver à cette vieillesse encore verte et
pleine de sève, qui fait respecter les cheveux blancs,
parce qu'elle est la preuve d'une vie sobre, rangée et
laborieuse.

La santé, c'est la première richesse, parce qu'elle
permet le travail, source de toute richesse, non pas le
travail interrompu, languissant, stérile de l'ivrogne,
mais le travail suivi, régulier, persévérant, conscien-
cieux et fécond qui triomphe de tous les obstacles et
force la fortune inconstante à se fixer.

Avec le travail vient le bien-être, puis l'aisance,
puis la richesse ; car le travail de l'homme tem-

pérant est secondé par l'économie et l'épargne.

Voilà ce que rapporte la tempérance. Ce sont là les avantages palpables, que le plus incrédule peut toucher du doigt. En voici d'autres, d'une valeur inappréciable, et qui à eux seuls suffiraient à nous faire considérer la tempérance comme une des plus magnifiques vertus que l'homme puisse connaître et pratiquer.

La tempérance en effet est la victoire de l'homme sur ses propres passions. Elle exige la possession de soi-même, elle la développe, elle crée la force et l'énergie du caractère qui est la condition de toutes les autres vertus. Tout cela ne s'obtient pas sans luttes : mais la lutte est la condition du progrès : la lutte est le travail de l'âme, et ce travail est fortifiant comme celui du corps.

La tempérance peut sembler une vertu bien austère à ceux qui ne la connaissent pas, et le nom seul suffira peut-être pour effrayer plus d'un de nos lecteurs. Qu'ils se rassurent : tout ce qui est bien, et véritablement conforme à notre nature physique et morale, est une source de joie et de bonheur. La tempérance a donc aussi ses joies et ses plaisirs. Sans doute, il ne s'agit pas de ces plaisirs bruyants et tapageurs, de ces distractions mortelles que vous trouvez au cabaret, au milieu des excitations et des fumées du vin. Mais sont-ce là les seuls plaisirs que nous puissions goûter ? Est-ce même vraiment un plaisir que cette excitation factice, bientôt suivie d'abattement, de fatigue, de souffrance et de remords ? Ah ! je vous plains si vous ne connaissez pas d'autres joies. La tempérance est incompatible avec les plaisirs grossiers; mais elle vous en procurera d'autres, plus simples, plus nobles et plus dignes de vous.

L'ouvrier sobre et laborieux qui s'assied à sa table frugale, entouré de figures joyeuses et souriantes, y trouve un des plus grands plaisirs que l'homme puisse goûter, si son modeste repas est assaisonné de ces trois choses qu'on ne vend pas au marché, mais qui sont à la portée de tous : bonne humeur, bonne conscience et bon appétit. Que de gens qui se croient heureux, qui se flattent d'avoir épuisé toutes les joies humaines, qui se disent blasés de tout, et qui n'ont jamais goûté le plaisir qu'il y a à manger quand on a faim, à boire quand on a soif, à se reposer paisiblement après une journée bien remplie ! Que de joies la bonne nature nous donnerait, si nous savions attendre qu'elle eût ouvert la main pour nous les laisser prendre ! Mais nous sommes impatients, nous cherchons à lui forcer la main, nous voulons jouir toujours, sans relâche et sans délai, et nous ne réussissons qu'à transformer en souffrances nos joies prématurées.

Mais il y a d'autres plaisirs que ceux du corps ; la tempérance vous les donnera aussi. Elle vous ouvrira la source féconde et intarissable des plaisirs du cœur et de l'esprit. Quand l'intempérance n'étouffera plus les impulsions de votre cœur, vous connaîtrez les joies de la famille et vous trouverez au foyer domestique de pures et saines distractions ; quand les fumées du vin

10

n'offusqueront plus votre intelligence, vous connaîtrez par elle des plaisirs que l'homme intempérant ne peut pas même soupçonner. Aimer est une joie ; savoir est aussi une joie, et peut-être plus pure encore, car la vérité est le plus grand des biens. Demandez au savant ce qu'il éprouve, quand après bien des recherches et bien des tâtonnements, il voit enfin briller devant ses yeux en pleine lumière la vérité qu'il pressentait. C'est comme un lever de soleil dans son âme : c'est une joie radieuse qui le récompense largement de ses veilles et de ses travaux. Sans doute vos pensées ne s'élèveront pas à cette hauteur ; il n'est pas donné à tous de gagner une vérité nouvelle sur l'inconnu. Mais il n'est pas nécessaire d'être un savant pour se nourrir du pain savoureux et fortifiant de l'intelligence : il suffit d'être un homme et d'ouvrir les yeux de son esprit ; il y a matière à penser dans le moindre brin d'herbe, et tout exercice de la pensée est une source de plaisirs nobles et délicats.

Je n'ai rien dit encore des joies morales que donne la tempérance ; l'intempérance est par elle-même une cause de tristesse et de souffrance parce qu'elle est un dur esclavage, et que toute chaîne pèse à la conscience humaine. Il y a au contraire de la joie à se sentir libre, affranchi du joug des passions dégradantes, à se dire qu'on se possède et qu'on est maître de soi. Cette joie est la plus pure, la plus vive et la plus noble de toutes ; c'est le sentiment de la force et de l'énergie, c'est la joie du triomphe et de la victoire. Heureux qui la possède et l'apprécie assez pour la mettre au-dessus de toutes les autres !

Tels sont les fruits de la tempérance. Mais entendons-nous bien : il s'agit de la véritable tempérance, qui est la possession de soi même, et non de cet à peu près, de cette vertu sans force et mensongère, qui transige honteusement avec les circonstances et les tentations, et dont on se contente trop souvent. Tout le monde se dit et se croit tempérant, tout en se laissant aller à des écarts de régime et à des excès auxquels on n'attribue aucune importance : c'est là une illusion dangereuse; le mot nous dissimule la réalité : on boit avec confiance le poison, sur la foi d'une étiquette mensongère, et on ne s'en aperçoit que quand déjà il circule dans nos veines, portant partout avec lui la désorganisation et la mort.

Vous vous croyez tempérant parce que vous n'êtes pas un pilier de cabaret. Vous gardez une juste mesure, dites-vous, vous vous dérangez peu. — Je vous en félicite; mais, si peu que ce soit, je crains que ce ne soit déjà trop. Toutes vos séances au cabaret font des brèches à votre bourse. Vous n'êtes pas encore réduit à la misère, je le veux bien; vous ne vous ruinez pas, mais vous ne prospérez pas; vous végétez au jour le jour et vous vous montrez bien peu prévoyant. Tant que vous aurez de la santé et du travail, vous pourrez, je l'accorde, prélever sur votre gain, sans trop vous gêner, l'impôt du cabaret. Mais avez-vous pensé au chômage, au renchérissement des subsistances, à la maladie, à la vieillesse, à la mort? Vous n'en serez, dites-vous, ni plus riche ni plus pauvre au bout de l'an. Raisonnement absurde! Vous seriez incontestablement plus riche, si vous aviez économisé — et vous le pouviez, — ce que vous avez dépensé au cabaret.

Et votre santé, comment s'accommode-t-elle de ces écarts? Vous n'êtes pas malade; vous avez encore la tête ferme et le bras vigoureux. Mais vous ne vous portez plus aussi bien qu'autrefois; vous manquez d'appétit, vos digestions sont difficiles et laborieuses; vous avez souvent la tête lourde et l'intelligence engourdie; la nuit, vous faites des rêves pénibles et vous ne reposez pas paisiblement. Que signifient tous ces malaises? ce sont autant d'avertissements qui vous disent qu'on ne joue pas avec le feu.

Prenez garde que vous ne fassiez en même temps une brèche a votre moralité. On sort toujours du cabaret plus mauvais qu'on n'y est entré. Vous êtes modéré aujourd'hui. Etes-vous sûr de l'être toujours et de ne pas contracter de mauvaises habitudes dont vous ne pourrez plus vous défaire? Combien ont commencé, comme vous, par la modération, qui ont fini par le vice! Le dérangement mène à la dissipation, la dissipation à l'inconduite, l'inconduite à l'ivrognerie, et l'ivrognerie mène..... vous savez où. C'est le même vice à différents degrés, et de l'un à l'autre le passage est facile : on n'a qu'à se laisser aller et à suivre la pente. Etes-vous sûr de ne pas être entraîné? je vous le demande, les distractions que vous trouvez de temps en temps au cabaret valent-elles la peine que vous compromettiez à la fois vos ressources, votre santé et ce trésor d'habitudes sobres et laborieuses, qui est à lui seul une véritable richesse?

Point de demi-tempérance! point de désordres dissimulés sous le manteau de la modération! Appelons les choses par leur nom et souvenons-nous qu'on ne peut servir deux maîtres à la fois.

Il s'agit donc d'une réforme radicale. Personne n'en contestera l'excellence et la nécessité. Mais chacun fera valoir ses prétextes et ses excuses, car on trouve toujours dans sa position, si mauvaise qu'on la reconnaisse, des motifs pour y persister.

« C'est trop tard, dira l'un; je suis trop vieux pour me changer. » Trop tard? parce que votre vie est déjà avancée? Vous tenez donc à mourir dans le vice et dans la honte? Vous avez perdu la meilleure moitié de votre vie, et vous croyez qu'il est de toute nécessité de perdre le reste et de jeter ainsi le manche après la cognée? Hâtez-vous donc! Plus vous avez perdu d'années, plus il est nécessaire de bien employer celles qui vous restent.

« C'est plus fort que moi, dit un autre, je n'y puis rien. » — Voilà la grande excuse! Vous avez donc une bien pauvre idée de vous-même et de la force de votre volonté! Vous êtes à ce point faible et esclave d'un penchant dont vous connaissez tous les côtés honteux! En ce cas, vous avez raison, vous n'êtes bon à rien!... Vous vous récriez? Alors dites simplement que vous ne voulez pas. Votre volonté est paralysée par le cortège de

10.

raisonnements et d'arguments plus ou moins spécieux
dont vous l'entourez. Eh bien! écoutez cette histoire.

Une pauvre femme percluse de tous ses membres se
trouvait à l'Hôtel-Dieu de Paris, presque sur le point
de rendre le dernier soupir, lorsque le feu prit à une
des ailes de l'établissement. Entendant le tumulte oc-
casionné par l'incendie et le pétillement des flammes,
elle fut tellement effrayée que, sans songer à ses membres jusque-là impotents, elle se leva brusquement et
gagna à la hâte son domicile qui était à une assez
grande distance de l'Hôtel-Dieu : elle se trouva parfaitement guérie (1).

Que vous manque-t-il pour en faire autant? l'incendie, la frayeur?.... Mais l'incendie est là, non pas à
côté de vous, non pas autour de vous, mais en vous-
même : l'alcool vous brûle, vous consume; vous le
voyez et vous ne tremblez pas, et vous ne trouvez pas
dans un salutaire effroi la force de vouloir! Osez vouloir! un effort énergique, et vous êtes sauvé : vouloir,
c'est pouvoir.

Cela est vrai. Mais combien ne sauront pas vouloir et
n'auront pas la force de regarder l'ennemi en face et
de le vaincre! Je le reconnais, hélas! la force de volonté ne s'improvise pas; elle est le résultat d'une
longue et persévérante éducation, et pour qu'une salutaire secousse puisse y suppléer, il faut au moins savoir regarder le danger et ne pas fermer volontaire-

(1) Feuchtersleben, D'après le Note du Dr Schlesinger-Ra-
bier, p. 175.

ment les yeux. Mais ce n'est pas là une raison pour qu'une créature humaine se laisse passivement entraîner vers l'abîme.

Nous hésitons à attaquer l'ennemi en face? tournons-le, et d'abord détachons de lui ses alliés.

Le premier de ces alliés, c'est la misère; l'ouvrier est mal logé, mal nourri, mal vêtu. Il ne se plaît pas chez lui, il éprouve la tentation d'aller au cabaret; — sa nourriture est peu fortifiante, il est tenté de boire de l'eau-de-vie pour se donner des forces; mal vêtu, il a recours au même remède pour réchauffer ses membres engourdis.

Voilà un terrible allié : est-il possible de le faire disparaître?

Non, direz-vous. Je ne puis ni mieux me loger, ni mieux me vêtir; mon salaire serait insuffisant.

— Alors, dites-moi, si votre salaire tout entier est employé à pourvoir d'une manière si insuffisante à ces trois besoins essentiels, avec quoi payez-vous l'eau-de-vie que vous buvez, et vos séances au cabaret? La vérité est que vous dépensez 5 ou 6 fr. au cabaret, et qu'avec le reste de votre paie vous ne pouvez acheter ni viande ni vêtements chauds. L'eau-de-vie vous affaiblit, et la faiblesse vous porte à boire de nouveau et davantage; vos ressources diminuent parce que la part du cabaret devient de plus en plus grande. Vous n'êtes ni fortifié, ni réchauffé, vos ressources s'épuisent et vous tournez dans un cercle vicieux qui ne vous offre aucune issue.

Quel est donc le remède? Il s'agit tout simplement
de mieux ordonner votre dépense : il ne faut pas pour
cela un grand effort de volonté. Vous travaillez; il vous
faut un régime réparateur et fortifiant, et pour cela
une livre de viande vous rendra plus de services qu'un
litre d'eau-de-vie; un bon vêtement de laine vous garantira mieux du froid en hiver que toutes les liqueurs
du monde. Vous voulez économiser, dites-vous, sur
votre nourriture et votre vêtement? mauvaise spécula-
tion qui ne profite qu'au cabaret. Réglez mieux votre
dépense : mettez un peu plus pour le ménage et un
peu moins pour l'eau-de-vie; vous y trouverez du bénéfice et vous aurez une tentation de moins à redouter.

Quant à votre logement, je ne vous dirai pas d'en
changer dans tous les cas : s'il n'est pas malsain,
quelque pauvre et nu qu'il soit, vous pouvez le rendre agréable à force de soins, d'ordre et de propreté.
C'est un miracle qui coûte peu à accomplir. Ce n'est
qu'une bonne habitude à prendre. Il ne s'agit que
de vouloir ; pourrez-vous dire sérieusement : je ne
peux pas ? Donnez donc l'exemple, chacun s'efforcera
de le suivre autour de vous. Alors votre logement ne
sera plus pour vous un simple abri pour la nuit : ce
sera votre *intérieur*, votre lieu de refuge et de prédi-
lection. Quand vous vous plairez chez vous, le cabaret n'aura plus de charmes pour vous : ce sera encore
une tentation de moins : le monstre sera désarmé.

Un autre allié de l'intempérance, c'est le désœuvrement. La vie de l'ouvrier est toujours austère. Il a peu

de distractions et peu de plaisirs. Quand il a un instant à lui, il est toujours tenté de se procurer cette
distraction à bon marché — il le pense du moins, —
qu'il rencontre au cabaret. Joyeux, il a recours au vin
pour célébrer sa joie, triste, il s'adresse à ce conso-
lateur sinistre qui fait oublier un instant les peines
pour les rendre plus cuisantes au réveil; et dans le
cours monotone de son existence, il cherche encore
dans le vin ou l'eau-de-vie un remède contre l'ennui.

Ces tentations sont sérieuses, sans doute, mais elles
ne sont pas irrésistibles. Je dirai donc aux ouvriers :
créez-vous des occupations, des distractions utiles ou
du moins innocentes pour les jours de chômage, les
heures de loisir. Ne laissez pas dans votre vie un
seul coin où l'ennui puisse se loger, une fissure par
laquelle il puisse pénétrer ; car avec l'ennui viendra
la tentation du cabaret. Fuyez le désœuvrement comme
votre plus mortel ennemi.

Avez-vous un coin de jardin ? cultivez-y des fleurs et
des fruits ; vous vous y attacherez, et les soins que
vous y donnerez trouveront leur récompense. Ce petit
coin de terre sera pour vous un délassement et une
distraction.

Savez-vous lire ? utilisez cette précieuse ressource.
Un bon livre est un ami avec lequel on cause à son
heure. Les bibliothèques populaires se multiplient :
profitez-en. L'esprit et le corps s'en porteront mieux.
Le bras ne sera pas moins fort ni la main moins

adroite, si l'esprit a appris à réfléchir et à penser.

Si vous ne savez pas lire, hâtez-vous d'apprendre. N'ayez pas honte de votre ignorance ; ayez honte seulement de ne rien faire pour la faire disparaître.

Avez-vous une famille, des enfants? Quelle source de douces et charmantes occupations ! Le père de famille qui fuit son intérieur est pour moi un insensé, un être incompréhensible, qui lâche la proie pour l'ombre et qui va chercher au loin la vaine apparence d'un bonheur qu'il pourrait trouver chez lui tout palpitant de réalité.

Je vois d'ici le sourire sceptique de plus d'un de mes lecteurs pour qui la famille n'est pas une joie, mais un pesant ennui, et qui pense involontairement à la figure maussade de sa femme et au regard triste et morose de ses enfants. Ah ! je ne vous comprends que trop ; vous sortez du cabaret, et vous apportez des vapeurs d'alcool et une figure enluminée dans une maison dénuée de tout, où les enfants manquent de pain ; la mère vient d'essuyer ses larmes, et vous voudriez qu'on vous montrât un visage joyeux, et que toutes les figures assombries par la misère s'illuminassent d'un sourire radieux à votre approche ! En vraiment, vous en êtes bien digne ! Vous ne pouvez attendre que de la résignation de ceux dont vous êtes le bourreau : de la joie, n'y comptez pas, ce serait contre nature.

Vous ne connaissez pas les joies de la famille, vous n'avez pas le droit d'en médire, vous n'en pouvez pas plus juger qu'un aveugle ne peut juger des couleurs.

Mais tout cela peut changer. Essayez d'un autre
système: devenez l'hôte fidèle du foyer; témoignez
aux vôtres l'affection à laquelle ils ont droit; soyez
pour eux un véritable chef de famille; ayez souci de
leurs besoins, de leur présent, de leur avenir. Devenez enfant avec vos enfants; ne craignez pas de com-
promettre votre dignité en partageant leurs jeux;
semez autour de vous à pleines mains la joie et la
bonne humeur; n'ayez pas peur de vous dépenser
un peu : vous retrouverez tout cela au centuple, et le
bonheur que vous aurez donné retombera sur vous
comme une pluie bienfaisante. Vous verrez alors
comme on vous accueillera, avec quelle impatience on
attendra votre retour, et de quels cris de joie tout
votre petit monde saluera votre arrivée ! Vous verrez
comme le lierre s'attachera étroitement et gracieuse-
ment au chêne robuste ! Plus de figures moroses, plus
de regards tristes et contraints, plus de larmes accusa-
trices dans les yeux. Entouré des figures aimées de
votre femme et de vos enfants, vous pourrez braver
toutes les tentations. Vous saurez bientôt qu'une pro-
menade en famille en plein soleil, au printemps,
au milieu des fleurs nouvelles et du merveil-
leux réveil de la nature; une course dans les bois,
à l'ombre des vieux arbres, en été; une bonne lecture
ou une causerie au coin du feu pendant les longues
soirées d'hiver, laissent dans le cœur une impression
bien plus vive et bien plus profonde qu'une bruyante

séance au cabaret. Et quelle sauvegarde pour vos enfants, si en entrant à leur tour dans la vie, ils emportent de la maison paternelle non pas le souvenir de votre inconduite et de vos excès, mais l'exemple d'une vie laborieuse et honnête !

Tout n'est pas rose dans la vie, je le sais, et la paix du foyer ne vous garantira pas des épreuves. L'amour des vôtres vous apprendra du moins à les supporter. Quand donc vous serez triste, dévoré de soucis, d'inquiétudes et de chagrins, cherchez la consolation au foyer domestique ; apprenez à regarder vos maux en face comme un homme : le vin et l'ivresse ne les guériront pas ; un vice nouveau ne corrige rien.

Mais voici un nouvel allié de l'intempérance, et un des plus redoutables : ce sont les mauvaises compagnies et la fausse honte qui fait de l'homme peu énergique l'esclave de ses compagnons d'inconduite.

Il y a dans chaque village, dans chaque atelier, dans chaque manufacture, ce que j'appellerai une Société d'intempérance. C'est le cercle des paresseux et des ivrognes. Les séances se tiennent au cabaret et sont présidées par les plus incorrigibles et les plus vicieux. Cette bande sans scrupule et sans vergogne fait de la propagande, et chacun se croit moins coupable s'il y a de nombreux complices. Malheur à l'homme faible qui se laisse initier à ces honteux mystères ! Il perdra bientôt ce qu'il peut avoir de sentiments nobles et généreux. Il se croira rivé à cette vie honteuse par la crainte du ridicule, et n'aura pas le courage de renon-

cer à des turpitudes qui font son tourment. La fausse
honte est plus commune et plus puissante qu'on ne
pense, et tel que les larmes et la douleur des siens
laissent insensible, ne résiste pas aux railleries d'un
ivrogne qu'il méprise.

A cette coalition du mal, il faut répondre par une
coalition du bien. A tous ceux qui cherchent une force
pour résister à l'entraînement, je dirai : fondez une
Société de tempérance.

L'association est féconde, non-seulement matérielle-
ment pour réunir des forces ou des capitaux, mais encore moralement pour fortifier les volontés chancelantes et leur donner l'appui de l'opinion. Cette force de
l'opinion est contre vous; elle vous induit en tentation
ou vous retient dans le mal; transformez-la : faites-en
une puissance auxiliaire qui vous aide et vous sou-
tienne.

Les Sociétés de tempérance ont fait un bien immense
partout où elles se sont établies; aux Etats-Unis, en
Angleterre, en Suède, elles ont enrayé les progrès de
l'alcoolisme.

La première Société de tempérance, basée sur l'abstinence complète des boissons enivrantes, fut fondée
aux Etats-Unis en 1826; en 1829, il y avait 1,000 sociétés
de ce genre; en 1834 on en comptait 2,200; en 1835
8,000 ; aujourd'hui, on ne les compte plus.

Les résultats ne se sont pas fait attendre ; dès 1836,
la consommation des liqueurs alcooliques avait dimi-
nué des 2|3 dans les Etats de l'Est, et de la moitié dans

11

les autres; 2 millions de personnes s'abstenaient des liqueurs fortes; 4,000 distilleries avaient été fermées; 8,000 marchands avaient abandonné le commerce des spiritueux, et, chose plus incroyable encore, 12,000 ivrognes avaient été corrigés.

En 1829, les Sociétés de tempérance pénétraient en Irlande, et peu après en Ecosse; elles ont passé ensuite en Angleterre (1831) et en Allemagne (1832).

En Suède, l'excès du mal a amené une violente réaction; dans un moment d'exaltation, l'émeute s'est jetée sur les distilleries; la populace s'est ruée sur les fabriques d'alcool, avec l'intention d'y mettre le feu, en criant : « On ne cuira plus la soupe du diable! » Les Sociétés de tempérance ont fermé là 40,000 distilleries sur 70,000.

Comment ces résultats ont-ils été obtenus? Sans doute le mal était à son comble dans les pays où elles se sont établies tout d'abord, et cet excès même du mal appelait puissamment un remède efficace.

Notons tout d'abord que les promoteurs des Sociétés de tempérance ont uniquement fait appel à la persuasion et n'ont eu recours à aucun moyen législatif ou coercitif. Ils ont agi en éclairant l'opinion, en mettant au grand jour les conséquences funestes de l'abus et même de l'usage des boissons alcooliques, en faisant appel à l'intérêt, à la conscience, au sentiment religieux. Pour atteindre ce but, ils ont employé des agents salariés, de véritables missionnaires de la tempérance, qui ont parcouru le pays, faisant des confé-

rences et provoquant séance tenante la fondation de
nouvelles Sociétés ; ils ont créé des journaux, les ont
répandus à profusion, et ont fait servir ainsi la puissance de la presse au succès de leur cause.

Les Sociétés de tempérance ont exercé une action
puissante sur les individus. Les membres de ces sociétés prennent un engagement public et écrit de s'absté-
nir des liqueurs fortes. Tel qui s'est promis dix fois à
lui-même de renoncer à sa fatale passion, et qui s'est
trouvé toujours trop faible pour accomplir sa résolution, a puisé la force nécessaire pour arriver au but
dans cet engagement public et écrit, et s'est fait un
point d'honneur d'y rester fidèle. Ce point d'honneur
est souvent un appui bien faible, mais si faible qu'il
soit, il ne faut pas le négliger, car c'est, comme on l'a
dit, un moyen « d'appeler la crainte de la honte à l'appui d'une bonne résolution. »

Ajoutons à cela la puissance qui naît de toute association. L'union fait la force. Trois hommes se réunis-
sant pour atteindre le même but auront individuelle-
ment beaucoup plus de force, de persévérance, de
ténacité, que si chacun travaillait isolément. Une Société de tempérance n'eût-elle que dix membres, chacun d'eux résistera mieux aux tentations que s'il était
seul.

Il y a là d'abord un encouragement pour ceux
qui sont disposés à renoncer à l'usage des boissons alcooliques, qui les dispose à braver le ridicule auquel
leur résolution pourrait les exposer, puis la force de

l'exemple, une sorte d'entraînement mutuel qui exalte les facultés de résistance.

Et puis, chaque année, les membres d'une Société se réunissent ; on s'entretient, on se communique les expériences faites, les efforts tentés, les luttes soutenues, les bons résultats obtenus ; l'esprit de corps se développe ; on en arrive bien vite à la propagande et à l'apostolat.

L'action exercée sur l'opinion publique n'a pas été moindre. « Autrefois, dit M. Baird, l'historien des Sociétés de tempérance aux Etats-Unis, si quelqu'un refusait de boire des liqueurs fortes, on le tournait en ridicule ; souvent même on s'en offensait. Mais aujourd'hui, il n'en est plus ainsi : on peut refuser, en disant qu'on a renoncé aux spiritueux, ou même déclarer hautement qu'on fait partie d'une Société de tempérance, sans être en butte à aucune raillerie, surtout dans la bonne société. »

Nous ne garantissons pas l'exactitude absolue de tous les faits et de tous les résultats que nous venons de signaler ; il est possible que les auteurs auxquels nous les avons empruntés aient vu les choses un peu en rose, et se soient laissé entraîner à exagérer par le désir bien naturel de gagner leur cause et de porter la conviction dans les cœurs ; mais nous n'hésitons pas à dire que quand même les Sociétés de tempérance n'auraient produit que la moitié des résultats indiqués, elles auraient néanmoins rendu des services signalés partout où leur action s'est fait sentir.

Qui empêcherait ces sociétés de réussir dans notre pays comme elles ont réussi ailleurs ? Il faudrait sans doute les accommoder à nos mœurs et à nos idées. Il est certain qu'une Société de tempérance fondée sur l'abstinence complète et absolue des boissons fermentées serait peu populaire en France et ne réussirait pas à réunir beaucoup d'adhérents. Il sera toujours difficile, comme on l'a dit, de mettre au régime de l'eau la nation qui produit les meilleurs vins du monde. Mais on pourrait arriver à d'excellents résultats sans avoir recours à des statuts aussi sévères.

Une Société de tempérance pourrait très-bien réussir en France en se basant sur les deux principes suivants :

1° Abstinence des liqueurs fortes; — 2° modération dans l'usage du vin, de la bière et des autres boissons analogues.

Ce résultat ne me semble pas impossible à obtenir. Pourquoi ne pourrions-nous pas nous passer d'eau-de-vie, quand tant de peuples s'en passent ? On s'en passait d'ailleurs fort bien avant que l'eau-de-vie fût devenue accessible à tous, et nos ancêtres n'en étaient ni moins forts ni moins heureux.

Qui prendra l'initiative de ces Sociétés ?

Il ne manque certainement pas en France de philanthropes qui, touchés des conséquences désastreuses que produit l'abus de l'eau-de-vie, se mettront en avant pour fonder des sociétés de ce genre. Les chefs d'industrie seraient les premiers intéressés à en créer

11.

dans leurs établissements. Je crois qu'il ne faut refuser ici le concours d'aucun homme dévoué. Mais pour ma part, j'aimerais mieux que l'initiative vînt des ouvriers eux-mêmes. L'ouvrier rangé, laborieux et sobre n'a pas de plus grand ennemi que l'ouvrier dissipé, paresseux et ivrogne. Le voisinage d'ouvriers pareils est un fléau pour tous les autres, et leur premier intérêt est de se liguer contre les progrès d'un vice dont ils ne peuvent manquer de souffrir eux-mêmes, sans s'y être jamais adonnés.

L'heure est propice. L'association entre peu à peu dans nos mœurs. Il existe des associations d'ouvriers qui jouent déjà jusqu'à un certain point le rôle des Sociétés de tempérance, puisqu'elles ont pour but l'économie, l'épargne et un emploi judicieux des ressources de leurs membres. Telles sont les sociétés de secours mutuels, de consommation, de construction, de coopération. Il n'y a qu'un pas à faire pour arriver aux sociétés de tempérance, qui me semblent le couronnement de toutes les autres. Le but de ces sociétés serait non-seulement de se mettre en garde contre les entraînements, mais aussi de mettre à la portée de chaque membre des distractions convenables, des amusements innocents, de créer des bibliothèques, des salles de lecture qui deviendraient au besoin des salles de cours d'adultes et de conférences, en un mot de vaincre le cabaret en remplaçant les brutales sensations de l'excitation alcoolique par les nobles plaisirs de l'esprit.

Nous avons parlé en commençant de l'insuffisance
de l'instruction et du peu de développement des facultés morales dans la classe ouvrière ; nous avons vu
que cette lacune est une cause permanente de faiblesse
et d'entraînement. Cette lacune, il faut la combler à
tout prix, et c'est ici, je crois, un des meilleurs moyens
d'y parvenir. Aucune prédication ne vaudra cette école
pratique de moralité, cette influence mutuelle que les
membres de ces sociétés exerceront constamment les
uns sur les autres. C'est là que les ouvriers prendront
le goût de la lecture, de l'instruction, qu'ils appren-
dront à penser, à réfléchir, à prévoir, à discerner leurs
véritables intérêts. C'est là qu'ils commenceront à pratiquer l'un des plus grands et des plus importants devoirs de l'homme, l'éducation de soi-même continuée
sans relâche jusqu'à la tombe, et qui est la clef du véritable progrès. C'est là aussi qu'ils arriveront à com-
prendre la nécessité de cette éducation première, dont
l'absence a failli leur être si funeste ; chacun s'efforcera d'élever ses enfants mieux qu'il ne l'a été lui-
même, et de les munir, avant de les lancer dans la lutte
de la vie, d'armes solides et bien trempées.

Des institutions de ce genre existent déjà ; l'expérience est faite : il n'y a qu'à les généraliser. Que les
ouvriers intelligents, laborieux et honnêtes, à qui ces
vertus mêmes donnent un certain ascendant sur leurs
compagnons d'atelier, mettent les premiers la main à
l'œuvre, car de pareilles sociétés ne réussiront pleinement que quand elles sortiront du sein même des classes

laborieuses dont elles seront la rédemption et le salut.
Encore un conseil, et ce sera le dernier.

Tous les remparts derrière lesquels s'abritait le
monstre sont tombés l'un après l'autre. Il n'y a plus
qu'à le prendre lui-même et à le jeter dehors ignomi-
nieusement. Mais prenons garde, il pourrait encore
nous résister et faire bien des victimes.

Il faut donc vous armer d'une cuirasse qui soit à l'é-
preuve de ses traits. Cette cuirasse, la voici ; elle n'a
rien de magique, et ce n'est pas un talisman ; elle est
dans mon dernier conseil : devenez propriétaire.

Mais je vous vois rire d'ici de mon idée. Vous avez
pu trouver les autres assez raisonnables : celle-ci vous
stupéfie. Je sais bien que votre position n'est pas brillante, que votre salaire est bien faible et vos charges
bien lourdes. Et pourtant je n'hésite pas à vous répéter : devenez propriétaire.

Et d'abord, soyez toujours au clair avec vos affaires
et n'achetez rien à crédit. Les dettes sont traîtresses et
multiplient autour de vous les tentations et les illusions dangereuses. On les oublie facilement, on compte
l'argent qui reste dans le tiroir et on le dépense, sans
penser qu'une partie de cet argent n'est plus à nous.
Pendant ce temps les dettes s'accumulent, et quand
vient l'heure de payer, la bourse est vide. Et puis, car
il faut tout dire ici, le crédit est une source constante
de redoutables tentations : on compte sur le crédit du
boulanger et de l'épicier pour dépenser son argent au
cabaret.

Une fois cette bonne habitude prise, vous pourrez devenir propriétaire. Et de quoi, s'il vous plaît, me direz-vous? Je ne plaisante pas, mon cher lecteur; je ne vous propose pas d'acheter une maison de campagne ou un palais, ni des actions de chemin de fer, ni des rentes sur l'État. Cela viendra peut-être un jour. En attendant, devenez, pour commencer, propriétaire d'un livret de caisse d'épargne. Vous gagnez, je suppose, 25 fr. par semaine? Vous sortez de l'atelier avec ces 25 francs dans votre poche. Ce jour-là, n'allez pas au cabaret, allez à la caisse d'épargne et placez-y 1 franc, et vous voilà du coup transformé en propriétaire. Un franc placé à intérêts composés ! c'est peu de chose, ce n'est rien. — Et pourtant, ce franc, c'est beaucoup. C'est le flocon de neige qui formera l'avalanche; c'est une force nouvelle que vous vous donnez. Dans votre poche, ce franc ne vous dit rien ; c'est une miche de pain ou une bouteille de vin, selon que vous penserez à vous ou à vos enfants. Il vous brûle la poche, comme on dit. Une fois à la caisse d'épargne, c'est autre chose, et ce franc vous apprendra à compter, et vous donnera des leçons d'économie et d'épargne qui vaudront bien plus que des trésors. Il réveillera en vous des instincts endormis, celui de la prévoyance, celui de la propriété, qui sont de puissants agents de moralisation ; il deviendra votre inspirateur, j'allais presque dire votre maître ; il changera complètement le cours de vos préoccupations et de vos pensées. Au lieu de la passion du cabaret, vous en aurez

une autre, car vous voudrez augmenter votre petit
trésor. Vous bâtirez même des châteaux en Espagne ;
une fois votre imagination en branle, vous verrez,
avec les semaines, s'augmenter le nombre de vos
pièces de 1 franc. Elles se multiplieront peut-être dans
vos rêves un peu plus vite que dans la réalité. Je n'ai
pas le courage de vous en blâmer. Rêvez, rêvez épargne et économie : vous ne risquerez pas de partager
la déconfiture de la laitière de la fable, car vos rêves
seront basés sur ce qu'il y a de plus puissant au monde,
le travail, la patience, l'ordre, la tempérance, et ils
auront la vertu de vous empêcher de rêver au cabaret.

N'avais-je pas raison, et ne serez-vous pas dès lors
propriétaire ? Et que faut-il pour cela ? Un effort énergique au-dessus de la puissance humaine ? — Non, rien
qu'un peu de bonne volonté.

Résumons-nous. Puisqu'il est presque impossible de
vaincre l'intempérance dans une lutte directe et corps
à corps, il faut lui faire une guerre savante, une
guerre de stratégie. Il faut tourner l'ennemi et l'attaquer avec toutes ses forces successivement sur tous les
points. On peut le vaincre en détail sans avoir besoin
de beaucoup d'énergie. Quel est l'homme désirant
sérieusement quitter une vie de dissipation et de désordre, qui n'ait pas la force d'apporter quelques modifications hygiéniques à son régime, d'embellir sa
demeure en faisant quelques efforts pour y faire régner l'ordre et la propreté, de fuir l'oisiveté et le
désœuvrement, de se créer quelques distractions hon-

nêtcs, de s'occuper de sa femme et de ses enfants, de se tenir à distance de quelques hommes corrompus qu'il méprise, de devenir membre d'une société de tempérance, et d'apprendre à mettre une partie de son gain en réserve pour l'avenir ?

Il faudra lutter sans doute pour parvenir à chacun de ces buts. Mais ce ne sont pas là des travaux d'Hercule, et aucune de ces luttes n'exige d'efforts, je ne dis pas au-delà des forces humaines, mais au-delà des forces d'hommes placés dans les conditions où nous les supposons, c'est-à-dire déjà entamés par le vice, mais désirant sincèrement s'y soustraire. Nul ne peut ici alléguer son impuissance ; nul ne peut non plus se flatter d'arriver au but sans énergie et sans persévérance. Pas de découragement, mais pas non plus d'illusions, tel est le secret de toutes les victoires morales.

Cette énergie individuelle est indispensable ; rien ne peut y suppléer ; aucune institution, aucune législation, aucun effort venant de l'extérieur ne peut arracher l'ouvrier à l'intempérance sans sa coopération active et patiente. C'est pourquoi nous insistons sur cette nécessité, et nous lui disons : Aide-toi, le ciel t'aidera. A lui de sentir le mal qui l'étreint, à lui de vouloir y échapper ; à lui d'apprendre à compter sur lui-même, de retremper dans la lutte l'énergie de son caractère, d'élever ses pensées, d'anoblir ses sentiments, de se donner un but qui le fortifie, féconde son activité et le mette à l'abri des surprises et des tentations. Il y va de sa dignité et de sa valeur morale : car les lisières énervent l'homme et le dégradent.

Est-ce à dire que la société ne doit rien faire pour lui faciliter la tâche ? Loin de nous cette pensée ! Quand un membre souffre, tous les membres souffrent. Lutter contre l'intempérance est le devoir de tous. Que les classes plus élevées viennent en aide à celles qui le sont moins, et qui par cela même sont plus exposées, par leur parole, leurs exemples, leurs encourage-ments, leur sympathie ; j'irai plus loin, qu'elles usent généreusement de leur autorité morale, de leur in-fluence, de leurs capitaux ; en un mot que la société tout entière unisse ses efforts pour combattre le mal C'est dans cette association féconde qu'est le remède Ce dernier conseil s'adresse donc à tous, et nous fai-sons des vœux pour qu'il soit entendu.

TABLE DES MATIÈRES.

Paris. — Imprimerie de E. DONNAUD, rue Cassette, 9.

8

www.ingramcontent.com/pod-product-compliance
Lightning Source LLC
Chambersburg PA
CBHW072115090426
42739CB00012B/2986